実践と理論に基づく

「わらべうた」から始める音楽教育

幼児の遊び

実践編　上巻

佐賀コダーイ芸術教育研究会
十時やよい　著

明治図書

JN017609

★ はじめに ★

　０歳から「遊ばせ遊び」をしてもらった子どもたち。大人への信頼で愛着関係が育ち，自分とこの世界への安心感を手に入れたでしょうか？

　全ての五感が，しっかりと開かれたでしょうか？　開かれた五感で，周りへの興味が芽生えているでしょうか？　ある子は飛びつくように，ある子はじわじわと，近づいて，きらきらとした瞳で，目にするもの，出会うものを，見ているでしょうか？

　そんな子どもたちは，この幼児期の３年間で，生きていくのに必要な全ての基礎を手に入れるでしょう。そして，自分を知り，友達を知り，この社会を知り，動物や植物・風や雨・空や雲・香りや肌触り・森羅万象の地球を知り，地球の動きを司る宇宙の中にある命の脈動を体感するのでしょう。

　「わらべうた」を通して子どもだけが理解できる宇宙の音楽・人間の音楽を声と身体で表現し，体感し，体験し，意気揚々と大人の世界へと旅立っていくのです。

　そんな豊かな子ども時代を，しっかりと手渡す為に，大人である私たちは，何を知り，何を考え，何を身につけたら良いでしょうか？　それらを，どんな形で子どもたちに手渡したら，伝わるのでしょうか？

　子どもたちに，《豊かな子ども時代》を手渡したいと願って，「わらべうた」を遊び，「わらべうた」を探究してきた中から生まれた本です。

　同じように，周りの子どもたちに《豊かな子ども時代》を手渡したいと願っている大人の方々に，是非手にとって一緒に手渡していただけることを願っています。そして，「もっと豊かなわらべうた」になるように，皆さんの提案や実践を教えていただけたらうれしいです。

十時　やよい

目 次

第4章　各遊びの実践例とポイント

第5章　課業について

第6章　保育園・子ども園・幼稚園の カリキュラム

第1章

人間の一生と
その基礎となる幼児期

一 生 の 木

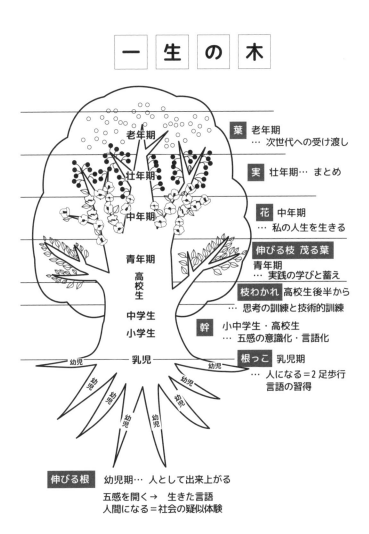

葉	老年期 … 次世代への受け渡し
実	壮年期… まとめ
花	中年期 … 私の人生を生きる
伸びる枝 茂る葉	青年期 … 実践の学びと蓄え
枝わかれ	高校生後半から … 思考の訓練と技術的訓練
幹	小中学生・高校生 … 五感の意識化・言語化
根っこ	乳児期 … 人になる＝2足歩行 言語の習得

老年期

壮年期

中年期

青年期
高校生

中学生

小学生

幼児　　乳児　　幼児

幼児　幼児　幼児　幼児　幼児

伸びる根　幼児期… 人として出来上がる

五感を開く→　生きた言語
人間になる＝社会の疑似体験

◆人間の一生を木にたとえたら

葉	老年期	次世代への受け渡し
実	壮年期	まとめ
花	中年期	私の人生を生きる
伸びる枝茂る葉	青年期	実践の学びと蓄え
枝わかれ	高校生後半から	思考の訓練と技術的訓練
幹	小中学生・高校生	五感の意識化・言語化
根っこ	乳児期	人になる＝２足歩行・言語の習得
伸びる根	幼児期	人として出来上がる
		五感を開く⇒生きた言語
		人間になる＝社会の疑似体験

　木にたとえると，人の一生の姿が良くわかります。乳幼児期は，土の下です。人となり，人間となる基礎を築く時です。

☆乳児期

　種は先ず根を出します。その根が良い土地に根付けば，根は広がりと深さを保ちます。良い土地とは，根がしっかりと根付くための，栄養（愛情）と適度の水（体感）と適度の柔らかさと堅さ（五感を開花させる環境）をもったものでしょう。

☆幼児期

　芽が出，それによって根が深く広く伸びていき，土台を築きます。芽・葉から太陽の光（人との交流によって得る，知識や様々な感情）を受け，良い土地から栄養・水・環境（愛情・体感による体験・様々な五感の開花）を受

けて，根はより深く太く広がっていきます。

　その根の広がり，深さこそ，地上の幹・枝・葉・花・実を大きく，広く育てる「基礎」です。地上の目に見える大きさ・広さは，同じ大きさ・広がりの，目に見えない地中に支えられているのです。

　学校で知識を教えられた時，子どもたちは自分の体感を通して受け止めた体験（地中の根っこ）を探します。そこに知識と繋がる体験の根っこがある子は，そこに受け入れ，自分の「身体・心・頭」を使って考え，その知識を自分のものとします。子どもの中に新しい財産として残っていくのです。

　一方，根っこが，無い子は，頭の中に一時期留めても，新しい知識がくればそれは押し出されてしまい，風のようにどこかにとんでいってしまいます。後で探しても，無いのです。

　根っこの中に蓄積できれば，根っこは一つずつの知識によって太くなっていくでしょう。そして，それはいざと言う時，「これだよこれ！」と根から幹に幹から枝に枝から蕾に届き，美しい花を咲かせるのです。

☆就学期

　就学期からは，土の上です。人が，人間として育ち社会の一員となる準備の時です。

〈学童・中学生〉

　社会の一員となるのに必要な，身体と知識と情緒の広がりとそのコントロールを，少しずつ身につけていく，学びの時です。そして小さな枝（個性）が幾つも育ちます。

〈高校生から〉

　広がった多くの体験の中から（小さな枝），個性（太い枝）が育ち，興味の行方がよりはっきりしてきます。したい仕事の範囲も見えてきて，はっきり目標を持つ子も出てきます。もちろん，解らないまま，全ての枝を均等に育てる子もいるでしょう。そんな仕事もあります。木によって枝ぶりが違うのと同じで，様々ですね。

☆青年期

　個性（枝分れした枝）を伸ばして，社会の中で働きだし，多くのものを身につけ（葉），より太陽の陽を受けていくようになるでしょう。

　仕事を通して，新しい枝，新しい人々を知ります。また，仕事以外の交友もうまれます。趣味の世界・結婚による親類縁者・子どもを通したＰＴＡや友達，住み着いた地域の人等。

　その枝の広がりは，幼児期の根の広がりと，大きく関係していくでしょう。

☆中年期

　青年期から積み上げてきた生活・仕事・交友（茂らせた枝や葉からは多くの太陽の陽を，根からは栄養を）を通じて，人生の楽しさや，豊かさという結果（花）を受け取り出します。

☆壮年期

　開いた花が，実を結ぶ時期。子どもが結婚したり，孫がうまれたり，仕事もある程度後継者が育ってきたり。人生の，足跡が見えてくる時期です。

☆老年期

　公の社会的な役目が終わります。と言っても，それ以外の多くの枝があります。家族・地域・職域・趣味・ヴォランティアなどセカンドライフを楽しむ人々が増えています。その年齢にふさわしい花をさかせ，実を作っていきます。

　乳児期・幼児期は，土の下。木を見る時，私たちの目には見えません。でも，根の元と，根の広がり・太さこそ，その木の大きさ・丈夫さ・生命力の源であることを知っています。

　人の人生も，同じではないでしょうか。根を，しっかりと広げ，丈夫にしておけば，太陽の陽をあび，水を吸収し，どんな時も，その状況の中で，自らの力で育っていくのではないでしょうか。

第2章

「幼児のわらべうた」は「遊び」

（1） 幼児の「わらべうた」とは？

1 「わらべうた」は「子どもの遊び」

　自発的な，心から湧き上がる，喜びの行動を「遊び」と呼びます。子どもが，自分の身体と頭と心を100％，120％使っている時，それは真の意味での「遊び」です。

2 「動き」と「歌・ことば」が一体となったもの

　「動き」と「歌・ことば」が一体となった，子どもたち自身が活動する遊びです。どちらか一方だけで差し出されたとき，それは「**わらべうたでない**」ものになります。

　歌だけのものは，鑑賞曲というプレゼントとして，大人が子どもたちへ贈ります。言葉だけのものは，文学というプレゼントとして，大人が子どもたちへ贈ります。

3 「子ども自身が作り出して」「子どもたちに伝えてきた」遊び

　本来，大人は一切，関係していない，子どもの世界です（それを，私たち大人が伝える，危うさ，恐さを知りつつ，謙虚に関わりましょう）。

4 各年齢の，身体的発達・知的発達・情緒的発達に必要な，動き・言葉・ルール・情緒を備えている遊び

　そのため，その年齢に合う遊び方・テンポで遊ぶ時，子どもたちは，100％活き活きと遊び，面白がり，発展させて，遊びを永遠のごとくに続けていきます（大人である私たちは，このことを心に留めて，学びつつ遊びつつ，伝えていきましょう）。

（2） 子どもたちが，「わらべうた」の遊びで自ら気付き，自ら育て，自ら成長させてきたこと

〈人間的力〉

【継続力】　・繰り返しの面白さを知る・同じことを繰り返してする力

【記憶力】　・五感で得た情報を留める習慣

　　　　　　・経験を言語化する習慣

【空間認知】　・上下・左右・前後・斜め

【自己認知】　・自分には心＝感情があること。良いとされる感情，悪いとされる感情，両方持っていること。どちらも大切なこと

　　　　　　・自分以外の人にも，感情があること

　　　　　　・自分には言葉があって，表現したり，伝えたりできること

　　　　　　・言葉は，人や動物や物に名前をつけて，表せること

　　　　　　・言葉は，物事のようすや動きなどを説明できること

　　　　　　・言葉で，感情を表せること，人に伝えられること

【身体の発達】　・無駄のない自然な歩き・走り・停止・方向転換・継続力など

　　　　　　・空間認知（視覚と運動の連動）

【情緒の発達】　・様々な感情の体験と，体験の言語化・自己コントロール力

　　　　　　・物語の理解力，その中の情緒を感じる想像力

【知的な発達】　・見立てなどによるものや言葉の概念

　　　　　　・10までの数学的体感

　　　　　　・空間認知（形・方向性・時間・速度）

〈音楽的力〉

【歌の力】　・心を開いて，耳を澄ます力

　　　　　　・歌をまるごと，そのまま，心に留める力

　　　　　　・聴く・歌う・覚えるがごく自然にできる＝習慣化

　　　　　　　　・自分の歌として，表現する力（テンポ・音高・声色）

　　　　　　　　・声が揃った心地良さを知っている

【拍感】　　　・拍で歩く：歌に合った自然な歩き

　　　　　　　　・拍叩き：歩くように叩きましょう＝膝叩き

【リズム感】　・歌うように叩きましょう＝手叩き

【モチーフ感】・交互唱による体感

【抽象化】　　・音声歌い（言葉でなくパ・マなど一つの音声で歌う）

＊五感を使っての遊び，真似っこ遊びとしてする音楽的な体感・体験。

　幼児期だからこそ，これが楽しく面白い遊びとして，五感の全てを開いてくれるのです。

＊言葉で説明したり，名前（拍・リズム・モチーフなど）を教えたりは，一切しない。

　それをしたら，意味がなくなってしまう。学童になって，言葉を習った時，これらの体感が，生きた言葉として子どもの心と脳とに記されるのです。

　乳児編で，「幼児期３年間で身につけてほしい人間的力と音楽的力」として，書き上げた項目です。でも，努力目標とか，その為に教育をということではありません。

　「わらべうた」を充分に遊んできた子どもたちが，学童になってきた時に，「子どもって，こんな力があるんだ」と気付かせてくれた「人間的力」と「音楽的力」を書き出したのです。

　「わらべうた」が，「わらべうた」として遊ばれた時，子どもたちはごく自然に幼児期に伸びる様々な力を自ら伸ばしてきたのです。

（3）「子どもから子どもへ」伝えるように

　「わらべうた」は子どもたち自身が，子どもたちに伝えてきたからこそ，その時代その時代によって作りかえられ，より面白く，より豊かになって，楽しくイキイキと遊び継がれてきたのでしょう。

大人である私たちが，子どものように，より面白く，より豊かに，楽しくイキイキと，伝えるにはどうしたら，良いのでしょう？　子どもたちは，どんな風に遊んできたのでしょう？

　① **自然に遊び始める**

＊言葉で，説明や，呼びかけをしない

＊動作と歌・トナエが，同時にいきなり始まる

　② **「見て，真似する」から始まる**

　③ **ひたすら遊び続ける（最低30回）**

＊遊んでいる子どもたちは，誰も説明をしてくれません。間違ってもそこで遊びを止めません。

　ひたすら，遊び続けます。新しく入った子は，とにかく，必死で一緒に歌い動きます。

＊だんだん，何をするのか，どんな遊びか，どんな言葉か，どんなルールか，何が面白いか気付き始め，少しずつ上手になっていきます。

＊そうやって，子どもたちの身体・五感・心・頭は，目覚めていき，自然に皆と一体となって，その一体感の心地良さを感じ，自分自身がその主人公となっていく喜びを知ります。

　④ **年齢に合った，遊びの提供**

＊テンポ

　体格（身長やバランス）に合っている。身体能力に（歩く・手・足を動かす）合っている

＊世界観・言葉

　子どもの生活につながる世界観や，言葉の種類が合っている

＊その遊びのルールが，知的年齢に合っている

　今までの遊びから予測できる，説明のいらない遊び（各遊びの順序を知っておく）

⑤　紹介する子ども（大人）自身が，「そのわらべうた」の心地良さ・楽しさ・面白さを知っている（体感している・体験している）こと

体験した喜びや楽しさが，一番相手に伝わりますよね。

⑥　繰り返し，遊ぶ（何回目であっても，１回目と同じように説明なしで遊び出すでしょう）

⑦　子どもだけで，遊べそうになったら，大人は必ず抜ける

＊でも，心の中で一緒に歌い動きつづけましょう。「ふっ」と途切れた時に，すぐ歌って助けることができるように。

＊歌や動きが途切れるのが，気持ち悪く感じられるようになったら，すっかり離れましょう。

　もう，子どもの世界です。邪魔をしないようにしましょう。本当は，子どもたちが私たち大人の先生なのですから。

第3章

まず　実践しましょう！
その為に

（１）　わらべうた遊びの分類表

3歳の遊びは，全ての基礎。歌と動きを明確に，注目する習慣を（自由参加）

4歳の遊びは，歌と動きで先の予想ができるように（基本的参加）

5歳の遊びは，歌と動きと言葉から理解できるように（全員参加）

幼児用　わらべうた　遊びの分類表

①新訂　わらべうたであそぼう（明治図書）　乳児編　年少編　年中編　年長編
②いっしょにあそぼう　わらべうた（明治図書）　０・１・２歳児クラス編　３・４歳児クラス編
③わらべうたあそび（明治図書）　　　　　　　　春・夏編　秋・冬編
④音楽の理論と実践（明治図書）廃版
⑤たかぎ　としこ（高城敏子）編・著（明治図書）(1)うめぼしすっぱいな(2)すくすく子育て(3)いきいき保育
⑥うたおうあそぼうわらべうた（雲母書房）

鬼きめ

	3歳　　　前半	後半	4歳　　　前半
2つ（比較）	あてぐっちょ⑤(2)		オエビスダイコク①②⑥
多数（選択）	ドノコガヨイコ①② せんべせんべ①② イッポデッポ②	げたかくし① つぶやつぶや⑥	いなかのおじさん①長② イップクデップク④ しおせんべしおせんべ③春
3の数 10の数	いっちょぎっちょ⑤(3) （跳ぶ）	ひふみよ一匁⑤(3) 3匁まで（お手玉上げ）	ひふみよ一匁⑤(3) 5匁まで

学童　　　いっぽでっぽなのなば⑤(1)(2)　いちずににずつく③春

しぐさ遊び　2歳　いまないた・なべなべ・ももや・かれっこやいて・雲のおばさん（5ヶ月）

	3歳　　　前半	後半	4歳　　　前半
一人	＊肩から動作 たこたこあがれ①②⑥布 うえからしたから①布 ぶーぶーぶー①② ふしゅふしゅカピラ⑤(3) ちょうちょちょうちょ⑤(3) なべなべ①② ＊腕返し ドドッコヤガイン①中⑥ ダイコンツケ② ＊腕の開き ケムケム①乳 ＊手首返し コメコメコッチヘコウ① ＊足付け根から ゴンメゴンメ① オヒサン②④ ＊膝のりの縦ゆれ ユッサユッサ①長	＊肩から動作 しゃんしゃんしゃん②④⑥ オテントサンテヌグイ① ななくさなずな① ハタハタオレヨ①布 ももやももや①布 センシュカンノンサン①布 すってんてれつく⑥ ＊肩から腕の突き出し ドッチンカッチン①② コドモカゼノコ① チビスケ①中 ＊手首返し けむりけむり⑥ ＊全身を小さく大きく なべぁおおきぐなれ④ ＊自分の手の甲を交互摘み いちばちとまった①②⑥	＊しゃがみ跳び キャーロノメダマ③夏⑥ ＊両足跳び（幅跳び・跳び下り） なこかいとびかい⑤(1)(2) ナコウカトボウカ①乳 雨たれもれ ＊顔の指差し オーヤブコヤブ④

（※年齢別の①②は、該当年齢以外の時のみ掲載本の年齢を明記）
5歳児クラス編

（※各掲載本の(1)(2)(3)を明記）布＝布を使う遊び

後半	5歳　　　　前半	後半
	おてぶしてぶし②	
	どっちどっち①少中②	
いっぽでっぽだまよ⑤(1)(2)	ろんろばちゃろ①	いものにたの②④⑥
いっぷでっぷ③秋	つぶつぶむぎつぶ⑤(1)(2)(3)	じょうりきじょうりき②⑥
ぜんじゃらぼうじゃら①②	イッチクタッチクタエモンサン①	いっちくたっちく①②
		クリノキバヤシノ②
イップクタップク①乳②	イチニノ①②	ちゅうちゅうたこかいな①
		（2×5）

後半	5歳　　　　前半	後半
＊両足跳び	祭り	
スズメチューチク④⑥	＊太鼓たたき・行進	
＊太鼓たたき	あめたんもれ⑥	
ゆきこんこん①乳	ゆきこんこん①乳	

2人以上	せりせりごんぼ⑥ たんぽぽ②③春 キツネンメ③秋冬 オフネガ①②⑥	せっくんぼ①乳②⑥ まめっちょ③冬（円の中跳び） オニサノルスニ②４歳④	いたちごっこ②２歳⑥ かなへびこ⑥（ひも跳び）
2人組	＊肩から手振り たけんこ①② このこどこのこ①② ＊手の縦ふり カクカクカクレンボ①少 ＊肩から動作 ととけっこうー①・②乳 にぎりぱっちり①② コドモカゼノコ① ドッチンカッチン①②	＊肩から手振り ももや① ＊肩から動作 ウッツケウッツケ① ＊肩から腕の突き出し チビスケ中① ＊足裏あわせ カッテコ①② ＊舟こぎ オフネガ①中長②⑥ ＊手あわせ＋握手 たんじたんじ③夏	＊舟こぎ ムギツキコッテンショ②④ ごいごいごいよ⑥ ＊尻ばい カッテコ①② ＊手あわせ むかえのおさんどん②０歳③秋 ＊手振り＋縦回転（２回で１回） なべなべ たけんこがはえた①少
釜送り		＊自由隊形 まめがらがらがら③秋	＊自由隊形 こりゃどこのじぞうさん①少
二重輪			このこどこのこ①② にぎりぱっちり①② たけんこがはえた①乳・②３歳 なきむしけむし①少
一重輪	なべなべ①②（名前呼び）		なべなべ①②（名前呼び継ぎ）

学童　どうどうくんど③夏　オテグルマ①長　ユスッテユスッテ①長　ドウチュウカゴヤ①長　コリャダレ

からかんご（籠のせ）⑥ せっくんぼ①乳②3歳⑥ （2人組）	＊山つくり オーフグコフグ④	せっくんぼ①乳②⑥（グループ）
＊舟こぎ（引き切り） こいこいこびきさん⑤(3) キッコノコビキサン①長 ＊背中のせ ギッタンバッタン③冬 ＊立ち座りシーソー コメツキアワツキ②長 ＊手振り＋縦回転（2回で1回） これのこんぐりどは④ ＊背中のせ コメツキアワツキ①長	＊舟こぎ ギッコンバッコン①② ＊背中のせ こめつけあわつけ⑥ ぜんかいぜんかい⑥ ＊立ち座りシーソー たっちょいびっちょい④ ＊臼曳き キッコーマイコー⑥ ＊にらめっこ だるまさん⑥ ＊手あわせ オモヤノモチツキ②③	＊背中のせ キッコンマッコン③冬 ばったんばったん①長 ＊立ち座りシーソー ぎっこんばったん④ ＊臼挽き キッコバッコ②乳 きっこーまっこー⑤(1)(2) ＊顔遊び すってんてれつく⑥ ＊にらめっこ 恵比寿さんと大黒さんと⑥ ＊地固め 十日夜⑥☆
＊自由隊形⇒円おくり オニサノルスニ②④ おはいりおはいり④ ＊円おくり おらうちのどてかぼちゃ②⑥ あんまんだぶり②④	＊自由隊形 かごかご16もん①乳 ＊円おくり オニサノルスニ②④ ゆびきりかまきり① ゆすってゆすって⑥	＊円おくり じごくごくらく⑤(1)(2) まめがらがらがら③秋
ぶーぶーぶー①② ウッツケウッツケ①少 オテントサン（テヌグイ）① ＊横回転 おおなみ（こんまい）②④	ばかかばぬけ①②	むかえのおさんどん②③秋 となりのもちつき⑥ オモヤノモチツキ②③冬 ひとやまこえて③冬
	＊手あわせ たんじたんじ③夏 ＊縦横回転 なみなみわんわちゃくり③夏	＊縦1回＋横1回（2回で1回） なべなべ①②3歳

ガ①長　　　　　☆十日夜⑥音楽教科書1年生　コダーイ芸術研究所編　全音楽譜出版社

歩き

	3歳　　前半	後半	4歳　　前半
歩き ファンタジー	＊重心移動 まいまい③夏 ぜんぜがのんの①乳② ＊踏締め歩き エエズゴーゴー①② モグラモックリショ① ＊練り歩き ほたるこい①中② どんどんばし⑥ シオヤシオヤ①長 センシュカンノン①長	＊踏締め歩き かた雪ごっちごち⑥ ハダヤノバサマ①乳 ＊練り歩き みんないそいで④ ななくさなずな① どうどうめぐり②４歳 センシュカンノンサン①	＊練り歩き チンカラマンダイ⑥（打楽器） みんないそいで④ （〜人連れで歌う・５人まで） いなかのおじさん①長② ＊先頭交代 こんこんちき（おやま）①少② どうどうめぐり② ＊手つなぎ歩き かなへびこ⑥
円	＊円の前進後進 なべぁおおきぐなれ④	＊円の前進後進 いっぴきちゅう①② おおなみ（ひっくり）⑤(1)(2)	＊円歩きの方向転換 どうどうめぐり②４歳 コマンカコマンカ①乳
しゃがみ歩き	＊膝の屈曲 スズメチューチク④⑥ （その場で両足とび）		＊膝の屈曲・腰落とし さるのこしかけ①少 おさるのこしかけ⑥
回転 片足跳び		＊コマまわり でんでんまわり⑥	

歩きの課題　体幹ができる　　　　乳児＝身体の一体化（重心移動）　3歳児＝左右の足の裏全体で，重心の移

　　　　　　　　　　4歳児＝序列の認知　　円の歩き　つながり歩き　　　5歳児＝2人組の歩き

役交代

	3歳　　前半	後半	4歳　　前半
はやし	＊1人鬼 なきむし①（少数鬼も可） オニヤメ（大根渡し）①中 よもぎしょうぶ（菖蒲渡し）③春	＊捕まえ鬼 オニヌケ②	＊捕まえ鬼 よもぎじょうぶ③春 　　　（鬼は毎回交代） いちばちとまった①少②
鬼・輪止まり	＊少数鬼（輪は手振り・鬼は両足跳び） 豆がいっこはねた⑤(1)		＊石を打つ いしのなかの②
鬼止まり・輪まわり	もぐらどん①②（少数鬼も可） オーフグコフグ④（鬼の後ろ） ダルマサン④（ボール転がし）	ゆきやこんこん②③冬（鬼後） ウサギウサギ①長（少数可） 十五夜のおつきさんな（まめっちょp.10）	やまのがんこさん④（布なげ） コウモリコイゾウリヤロ①

22

後半	5歳　　　　前半	後半
＊練り歩き ありの道⑥（言葉替え） かりかり①中②４歳	＊練り歩き（先頭交代） ほほほたるこい③夏⑥ ちょうちょうかんこ⑥ あめたんもれ⑥ ＊２人組の練り歩き みんないそいで④ ＊先頭交代 どんどんばし（２人組）①中②	＊練り歩き（図形歩き） がんがんわたれ⑥
＊先頭交代 こんこんちき（やまぼこ）①②		
＊手つなぎ歩き かえるがなくから①	＊止まる いなかのおじさんギョッ⑤(1)(2)	＊走り（隊伍をくんで参照） じゃんこうじゃんこう③秋
＊円歩きの方向転換 こんこんちき（おやま）①少②	＊円歩き＋前後歩き ひらいた③春	
＊しゃがみ歩き まいまい③夏	＊しゃがみ歩き いもむしごろごろ①⑥	
＊２人でまわる でんでんまわり⑥	＊３〜５人の円まわりと止まり 人工衛星⑤(3)	＊片足跳び すけこん⑥

動を感じる

自由歩き（空間認知）　走り・停止・回転

後半	5歳　　　　前半	後半
＊捕まえ鬼 あずきしょまめしょ④ ＊はやしと歩き ねすごした②	＊捕まえ鬼 よもぎしょうぶ③春（全員叩いて，鬼交代） てんやのおもち③冬	＊捕まえ鬼 七草なずな（バッタバタ）⑤(3)
	あめあめやんどくれ③夏 （靴なげ）	ナカノナカノゴンボチハ①長 p.74

鬼まわり・輪止まり	エエズゴーゴー①② わらびぜんまい③春 ずくぼんじょ①中②4歳 しんわりたんわり④（桃わたし）	ゆうびんはいたつ②④ はちはち① ＊捕まえ鬼 オニヌケマヌケ④	おじいさんおばあさん① キリスチョン① しんわりたんわり④ （枝ゆすり　桃あつめ） てるてるぼうず①②
鬼・輪まわり			ほたるこい①② あっちむげの⑤(2) まいまい③夏
人当て		＊音当て ちんちろりん③秋	＊声当て あめこんこん②③夏（鳥の声） りょうしさん② ＊触り当て かごめかごめ⑤(3)
交互唱			＊輪から歌い始め・鬼は中 わらびぜんまい③春（少数鬼） まいまい③春
問答つき（捕まえ鬼）	こんこんさんあそびましょ②	あぶくたった②⑤(1)(2)	やまとのげんくろうはん②3歳
減り増える			じじばばねてろ④
条件付			
複数鬼			

学童　　人当て　みえたみえた③春　かんかんぼうず③秋　おてらのこぞうが④　交互唱　チューリップシャー
　　　減り増える　ひとひとひろいが④　条件付　つきかくもか　みえたみえた　複数鬼　とんびとんび

ひもろひもろ① 両足跳び スズメチューチク④⑥	たなばたさん③夏 両足跳び キャールノメダマ③夏	
おちゃをのみに①②⑤(1)(2) ウチノウラノ①②3歳 とんびとんび②（少数鬼）	すいかばたけ② 十五夜のお月さん② とんぼとんぼ④	とんびとんびひょろひょろ④ おつきさんこんばんわ②③秋 たわらのねずみ⑤(1)(2)3人鬼
＊声当て ゆきやこんこ③冬 なかのなかのこぼうず④	＊物まわし ぼうかくし③春夏 たなわたし④	＊物まわし お正月どこまできた③冬 じょうりかくし④（靴）
＊輪から歌い始め・鬼は中 おじいさんおばあさん① ＊鬼から歌い始め・鬼は外 イノコイノコ③秋（追いかけ鬼）	＊輪から歌い始め・鬼は中 ぼうさん①②（触り当て） やまのおっこんさん①② 　　　　　　　（捕まえ鬼） ＊鬼から歌い始め・鬼は外 コーモリコイブンブン 　①②4歳 たけのこいっぽん③春	＊輪から歌い始め・鬼は中 もどろうもどろう①中②（前後） みみずが3びき③秋（少数鬼） ひとやまこえて① ＊鬼から歌い始め・鬼は中 ひふみよ①中② ＊鬼から歌い始め・鬼は外 イノコイノコ③秋（ジャンケン）
ことしのぼたん②⑤(1)(2)(3)	おちゃつみちゃつみ③春	れんげつもか⑤(1)(2)
ねずみねずみようかくり② カラスカズノコ①②	＊輪鬼同時に逆まわり 雨がふった⑤(1)(2)(3) ＊自由隊形 にわとりいっぱ①②	＊輪鬼同時に逆まわり おんどりいちわは④ りんしょ① ＊円の門くぐり たなばたのかみさん② オツキサマクグルハ②③秋
	＊捕まえ鬼 ねこがごふくやに②4歳 ③秋	＊組わかれ ほうしほうし⑤(1)(2)
	ほうずきばあさん①② ＊人・物かくし かくれかごとかご ②④⑤(1)(3)	ひとまねこまね①中②4歳 （声当て）

リップ　あずきあずき④
ひょろひょろ④　ワルイネズミハイナイカ

門くぐり

	3歳　前半	後半	4歳　前半
片手門 一重輪 　（手離し） 　（手つなぎ） 2人組の輪 増える門	＊基本　歩きのみ　手はなし どんどんばし（きつね）⑥ どうどうめぐり② ＊歩きのできたクラスのみ 大人との片手門⑥ どんどんばし（きつね）	＊大人との門 こんこんちき（おやま）①② 手はなし	＊大人との門　1人の手はなし どうどうめぐり② こんこんちき（やまほこ）①② ＊2人組 どうどうめぐり②
両手門 （振り分け門）			あんまんだぶり②（織姫と彦星）
全員が門			

学童　よどのかわせの⑤(3)　ここのごもんは①②

勝負

	3歳　前半	後半	4歳　前半
じゃんけん	＊グーチョキパーの練習 　（手出しっぱなし） 祇園のよざくら⑤(1)(2)	＊グーチョキパーの練習 （「ホイ」つき） イモニメガデテ④ オサラニタマゴニ①乳⑥	＊グーチョキパーの練習 （「ホイ」つき） だいこんかぶら②③春 ＊ジャンケンうた せっせっせ（げんこつやま）①
個人戦 （じゃんけん）			おてらのおしょさん③秋 （但し、その地域のうたで） えべすさんとだいこく③秋 （顔） じゃんけんぽっくりげた①長
代表戦 （じゃんけん）			
減り増える			

学童　減り増える　こかおこかお④　ねこかおう③秋　交互唱　となりのおばさん③秋

後半	5歳　　　前半	後半
*大人との門 オツキサマクグルハ③秋 　この遊びのみ手つなぎで	*門の2人が交互に交代 　　　1人の手はなし なかえのやぶから④	
*2人組 どんどんばし（こんこ）①	*2人組　門も輪も動く ゆすらんかすらん⑤歳④ *門くぐり＋谷越え　2人組 ひばりひばり③春	*2人組　門が増える 後ろに増える 　いっせんどうか①中② 前に増える 　びっきどの①②
まめっちょまめっちょ③冬	梅と桜と⑤(1)(2)（梅桜） うぐいすのたにわたり（梅・鶯） ②④4歳③春④	ひやふやの① （2人で2つの答えを決める）
両手門（くぐり終わると門になる） こいのたきのぼり③春	片手門 *後ろ歩き、後ろから門くぐり うらの天神様⑤(1) モックラモッチハ④	両手門 *向かいあわせの蟹歩き しみたかほい④

後半	5歳　　　前半	後半
*じゃんけん遊び じゃんけんちかぽか⑤(1)(2) *足じゃんけん チョーバーチョーバー⑤(3)	*じゃんけん遊び おちゃらか（手あわせ）⑥	*じゃんけん遊び じゃんけんぽいぽい③春 *足じゃんけん はやはやちりちり⑥
二重輪 はやしの中から①長 やなぎの下には⑥	*外と中（少数）の入れ替わり たけのこめだした②	役交代 イノコイノコ（役交代交互唱） おつきさんこんばんは②③秋
オテントサン②	からすどこさいぐ① p.56⑥	おおさむこさむ③秋
*個人戦 加藤清正⑤(1)(2) *グループ戦 タコタコアガレ③秋（布）	*個人戦 いもむしごろごろ①⑥ *グループ戦 ふるさともとめて② はないちもんめ⑥	*グループ戦 　（〜になっておいで） ほしやほしや① たんすながもち②③秋

隊伍をくんで

	3歳　　前半	後半	4歳　　前半
円	＊円前後 なべぇおおきぐなれ②④	＊円前後 いっぴきちゅう①② ＊円左まわりと前後 たわらのねずみ⑤(1)(2)	＊円左まわりと前後 ひらいたひらいた③春⑥
円以外			＊交叉した手の2人組練り歩き ＋最後の方向転換（円歩き） もうひがくれた④
うずまき			
子とろ			

学童　ユスリャユスリャ④　うちのせんだんのき③夏　ここのごもん②5歳　かごめ＋なべ②5歳

学童　お手玉　おさらい⑥　こめこめこめやの⑥　ひとひとひろいが④　＊手首返し　たんのりたんのり⑤
　　　まりつき　あのねおしょさんがね⑥　うちのうらのみけねこが④　わたしょわたしょ⑥　神田鍛冶町⑥
　　　ゆうべ夢を見た⑤(1)　山のしばくり⑤(2)　いちにとらん⑤(3)

後半	5歳　　　　前半	後半
	＊円左まわりと門おとし たわらのねずみ⑤(1)(2)	
	＊しぐさ＋円の中の門くぐり いちわのからす①②	＊しぐさ＋円の中の門くぐり おんしょうしょうしょう①
	＊二重輪の左・右・前後 たまりやたまりや①②	＊円の端の移動する門くぐり もつれんな②
＊つながりの練り歩き かなへびこ⑥		＊つながりの歩き⇒走り じゃんこう③秋
＊交叉した手の2人組練り歩き ＋最後の方向転換（縦並び） つんつんつばな④	＊交叉した手の2人組練り歩き ＋途中の方向転換（縦並び） かわのきしの④ 　　　　（みんないそいで）	＊交叉した手の2人組練り歩き ＋途中の方向転換＋組代え かわのきしの＋ 　　　みんないそいで④
	＊ぼんおどり べんときて⑤(3)	＊隊列つくり おしょうがつええもんだ①中長 ＊門つけ ねすごした②3歳 ＋ななくさなずな⑤(3)
＊シッポからほどく でんでんむし②③夏④⑥ かりかり①②	＊中心の先頭からほどく ツルツル①② ろうそくのしんまき⑤(3)	＊前向き円と後ろ向き円で一回 ろうそくしんぼう④⑥
＊シッポきり かなへびこ⑥	＊交互唱 ことろことろ④⑥ ももくれ⑥	＊セリフいり いもむしこむし②

縄跳び　お月さんこんばんは④　たわらのねずみ（いっぴきしょ）⑤(1)(2)
おしょうがつくるくる③　おねんじゅしゅもく④　ひふみつ⑤(1)(2)
☆でんでらりゅうば　東京わらべうた　本澤陽一著　わらべうたによる合唱曲集−1−　p.68より

昔遊び

	3歳　　前半	後半	4歳　　前半
手（足）遊び	手の開閉	＊親指から閉じる（2拍ずつ） カクカクカクレンボ①長p.71 （片手・左右一緒）	
	指あわせ	＊好きな指で指先あわせ ちっちここへとまれ⑥	＊指先を順番にあわせていく （掌つけず） あかちゃんあかちゃん⑤(3)
	指さし		＊指を順に指していく いちずににずつく③春
	指あそび		
	おはじき 靴投げ		＊おはじき いっちょぎっちょ⑤(3)
お手玉	＊投げ上げ いちじくにんじん⑤(3)	＊投げ上げ いちじくにんじん⑤(3)	＊投げ上げ（一匁～三匁） 一匁の一助さん⑤(1)(2)⑥
	お手玉まわし		＊2人組 おらうちのどてかぼちゃ ②⑤(1)(2)⑥
まりつき	＊ボールころがし（両手） おらうちのどてかぼちゃ 　②4歳⑤(1)(2)⑥ ダルマサン④	＊受け止めて転がす（両手） ポパイの好きな⑤(3) ＊歌の最後に両手で突いて受 け止める あやめに水仙⑤(1)(2)	＊両手で，突いて受け止める （2拍で突きと受け） ポパイの好きな⑤(3) あやめに水仙⑤(1)(2)
縄跳び			けんけんぱ一遊び（縄なし） ＊大縄ゆらし(縄の跨ぎどめ) おおなみ（ひっくり）⑤(1)(2) ＊歩き・走りながら片手縄ま わし はなこさんどこいくの④

後半	5歳　　　前半	後半
＊指を順に閉じ最後に開く おじろおじろ①長 p.71 （左右交互）	＊指を順に開く ひばりひばり③春 　（開いていくのみ）	＊指を順にたてていく いちじく①長 p.71
＊指先をあわせていく コドモノケンカニ③春⑥	＊指先を順番にあわせていく 　（掌つけて） コドモトコドモト④ タヌキサン①長	
	＊指を順に指していく いっちくたっちく①②⑥	
	＊指かくし どのゆびかくした④⑥ ＊指あそび ひとやまこえて③冬	＊指で数を示す いち・に・さん⑤(3)⑥ ＊指あそび でんでらりゅうば　☆
＊おはじき おまわしおまわし⑤(3)	＊草相撲 ごいごいごいよ⑥	＊靴投げ ゆうやけこやけ⑥
	＊順にお手玉上げ（10個） ひとめふため⑥	＊投げ上げ（10匁まで） 一匁の一助さん⑤(1)(2)⑥ ＊手の平返し にわとり一羽⑥
＊投げ玉式（2個） いっちょきっちょほいよ⑤(3) ひふみよ⑤(3)	＊つき玉式 おひとつおひとつ⑤(3)	＊つき玉式 おさらい⑤(3)
＊2人組 おしなんだんご（彼岸）⑥	＊円まわし（小グループ） 粟もちねれねれ⑤(2)（1つ） おしなんだんご⑥	＊円まわし（10人程度） 亥の子の牡丹餅⑤(3)
＊拍ごとに突く （両手→片手） 加藤清正⑤(1)(2) 甘酒ほいほい⑤(1)(2) （大人との受け渡し）	＊円形での受け渡し 　（両手突き⇒片手突き） あやめに水仙⑤(1)(2) ＊休符（Z）ごとに受け止める いちにとらん⑤(3) なかなかほい⑤(3) うめぼしさん④	＊円でまわす あんたがたどこさ⑥ （「さ」で歌い継ぐように） ＊拍ごとに突く てんやのおもち③冬 おんどりいちわ④ 一匁の一助さん⑤(1)(2)⑥
＊大縄ゆらし ゆうびんさん⑤(1)(2) ＊入る＋出る たわらのねずみ⑤(1)(2)	＊大縄ゆらし⇒まわす おおなみ（ひっくりかえして）⑤ (1)(2) ＊大人と一緒に跳ぶ はなこさんどこいくの④	＊大縄まわし おおなみ（まわしまわし） ⑤(3) ちゅーりっぷ③春

使用し，参考にした「わらべうたの本」

①コダーイ芸術教育研究所著『新訂わらべうたであそぼう』（明治図書）

　乳児のあそび・うた・ごろあわせ，年少編，年中編，年長編

②コダーイ芸術教育研究所著『いっしょにあそぼうわらべうた』（明治図書）

　０・１・２歳児クラス編，３・４歳児クラス編，５歳児クラス編

③畑玲子・知念直美・大倉三代子著『幼稚園・保育園のわらべうたあそび』（明治図書）

　春夏，秋冬

④カタリン著　知念編『わらべうた・音楽の理論と実践』（明治図書）※絶版

⑤(1)たかぎ　としこ編著『わらべうた実践集　うめぼしすっぱいな』（自費出版）

　(2)たかぎ　としこ著『わらべうたですくすく子育て　みんないっしょにうたって遊ぼう「うめぼしすっぱいな」』（明治図書）

　(3)たかぎ　としこ著『わらべうたでいきいき保育　一年中うたって遊ぼう「いろはにこんぺいとう」』（明治図書）

　(1)うめぼしすっぱいな(2)すくすく子育て(3)いきいき保育

⑥木村はるみ・蔵田友子著『うたおうあそぼうわらべうた』（雲母書房）

（2）　決めて，実践し，試してみましょう（保育園・幼稚園・子ども園での実践）

1　わらべうたの時間を決めましょう

　①朝登園した時　②自由遊びの始まりに・終わりに　③降園前に　等

2　おおよその遊びの順序と長さを決めましょう

　①導入（鑑賞曲・語呂合わせ・絵本のどれか）と遊び

　　３歳児：10～15分　４歳児前半：15～20分

②導入＋遊び　又は曜日による固定

　（遊びの日・絵本の日・鑑賞＝歌や語呂合わせの日）

　　4歳児後半：遊びの日15〜20分　遊び以外5〜10分

　　　5歳児：遊びの日20〜30分　遊び以外10〜15分

3　大人の立ち位置と展示の場所を決めましょう

①子どもが落ち着いて，注目できる場所。そこでいつも始める。

　そこに大人が立つ，又は椅子に座る＝わらべうたや鑑賞や絵本が始まる
　と解る

②鑑賞曲・語呂合わせ・絵本　などで使った本や小物や人形などを，置い
　ておく場所

　したい子どもが，それを使って遊べるように。それがあると，教師がし
　ている間に手を出すことなく見ることができる。後で，自分もそれを触
　れるという，安心感・信頼感

（3）　計画を立てて，実践してみましょう

※（1）の「わらべうた遊びの分類表」の曲に基づいて

1　導入の曲や語呂合わせ遊びの計画を立てましょう（第6章参照）

　その年齢でする，遊びの種類ごとに，1月に1〜3曲を選び，易しい順に
書き出してみましょう。

①遊びの種類ごとに易しいもの（第一段階）から順に1曲ずつ書き出しま
　す。

②基本的には，その計画に従って遊んでみましょう。

③1曲目で難しかった遊びは，もう数回1曲目を続けても良いですね。3
　曲目の計画の時に，2曲目をすれば良いですね。

2　実践しましょう

①どんな遊びも，初回はずっと，大人は餓鬼大将（モデル）として参加し，

子どものテンポで歌い，遊び続けましょう。

②2度目：初めは初回と同じように一緒にしっかり遊びましょう。でも様子をみながら子どもだけでできそうな所は，歌は子どもに任せて一緒に遊ぶだけにしたりする時もあって良いでしょう。でも，子どもが不安をもっている間は，楽しさを保つように，充分に一緒に歌い遊びましょう。

③3度目：初めは初回と同じように一緒にしっかり遊びだし，子どもたちが遊びだしたら，そっと抜けましょう。子どもたちが遊びだしても，いつでも助けられるように，聴き，見守りましょう。歌や動きをやめても，心の中では常に歌と仕草をして（内的に），いつでも歌や仕草で，子どもたちを助けられる準備をしておきます。歌がフッと途切れそうになった時には，次の瞬間に続きを歌いだせるように，心の中で歌い続けましょう。

それに子どもは，遊びを抜けたとしても，見守られているか，無関心かは，感じます。

④モデルを示す⇒一緒に遊ぶ⇒助ける⇒見守る（数回）⇒完全自立

自由遊びの中で，自然発生的に遊びだしたら，完全自立です。その時は干渉しません。遊びがまるで異なる遊びになっても，そこまでに元の遊びが充分遊べたのであれば良いでしょう。

3　まず一学期間は変えずに実践しましょう

うまくいかないから，変えようでなく，一学期間は工夫を重ねながら実践しましょう。先生も子どもたちも，新しいことになれるまで時間がかかります。続けてみないと，本当の成果はわかりません。決まった枠の中で，工夫してみると，意外な発見があるものです。「わらべうた」の持つ力は，そんな時に発見します。子どもが教えてくれる時もありますよ。

（4）　計画どおりにならないのは，当たり前！　そこからが楽しい！

決めていても，行事が入ったり，子どもたちの調子がなぜか良くなかった

り，お休みの子が多かったり，すごく楽しくて2つの遊びをするつもりが，1つしかできなかったり。計画どおり行かないのは，当たり前。そんな時は，後にずらせば良い！　せっかく楽しく遊んでいるのをやめて，新しい遊びを強引に入れる必要はないでしょう。

　充分遊んだら，短い時間でも満足するようになるのですから。その頃には，子どもたちがどんどんと新しい遊び方を発見して，教えてくれるかもしれませんよ。

（5）　演習・実践・ポイント（この本の，使い方）

1　計画をたてたら，第4章「各遊びの実践例とポイント」の中から，その遊びを探しましょう。

2　もしなかったら第3章（1）各遊びの「わらべうた遊びの分類表」を見て，同じ遊びの種類・同じ年齢の遊びを探して，その実践を参考にしてください。

3　「演習」　＝乳児の時とちがって，幼児のわらべうたは集団の遊びです。乳児以上に，大人同士で実際に動き遊ぶことが，大きな助けになり自信になってきますし，子どもたちの助けにもなります。同じ提案をしても，子どもによって，様々な動きや反応が返ってきます。その一方で，モデルである私たち大人の動きの「良さも悪さも」真似てしまいます。

　＊美的（シンプルでわかりやすい）モデルを示すため
　　様々な場面に，より良い言葉かけや発展的な提案ができるように大人同士の集団で，まず遊んでみましょう。それが「演習」として書いてあります。

　「実践」　＝子どもたちに「わらべうた」をどうやって紹介するのか，できるだけ具体的な動きや，言葉かけ，また子どもと大人の立ち位置や遊びの動きは図で表しています。

　「ポイント」　＝その時に，気をつけること，ちょっとしたアイデアなど

が，書いてあります。

4　もちろん，演習と書いてないものも，大人の中で一度は実践してみると良いですね。

　それに，大人だって「わらべうた」は楽しい。時にはちょっと子どもに帰って，我が儘してみたり，すねてみたり，ちょっかい出してみたり。すると誰かが，上手に遊びに変えてくれたり，さらりといなして遊びが続いたり，思わぬ楽しい遊びに代わったり。何も特別しなくても，同じ人ばかり役がまわってきたり，ずっとじゃんけんで負け続けたり，思わず笑いだすことはいっぱいです。

　２人組での舟こぎなどは，大人にとっても良いエクササイズで，忙しい中で固まった身体を心地良くほぐしてくれます。大人も遊びましょう！　身体を使って，心を使ってわらべうたを！

　子どもたちがわらべうたで見せてくれる，生きて，動いて，歌って，在ることの，最もシンプルな喜びを，大人である私たちにも，分けてもらいましょう！

5　「理論編」を読む。

　実践編で，良くわからない時，疑問を持った時，是非「理論編」のその遊びのまとめを，読んで見てください。もし「わらべうた」を共に学ぶ仲間がいらしたら，順番に少しずつでも，読みつつ，その遊びを実際に遊んでみてください。疑問や提案などを皆さんで出し合い実際に遊んでみてください。良いアイデアや提案が出たら，是非教えてください。より良い遊びを，子どもたちに手渡すために。

第4章

各遊びの実践例とポイント

「人になる，仕上げ」

　人間は生まれた時，他の動物と異なり，自分一人で生きていくことができない存在です。そして乳児期３年をかけて，「食べる，排泄する，寝る起きる」という生きるすべができるようになり，人としての「２足歩行」と「言葉」を得ることができます。でも，まだまだ一人の人としての生きる力は未完成です。人間社会の中で多くのことを学ぶためには，幼児期の３年間の中で，人としての力，「歩き・走り・まわり・跳び」という身体の力，学ぶための「観察し，真似をし，習得していく」という知的力をつける必要があります。それは乳児期の受身の遊びでなく，「子ども自身が，身体と心と頭とを使って遊ぶこと」でしか得られないものです。

　それが，わらべうた遊びです。

　この「人になる，仕上げ」を，先ず身につけて，「人間になる入口」に，歩んでいきましょう。

◆ファンタジー遊び（想像と現実を行ったり来たり）

　２歳の後半から３歳前半は，乳児と幼児の両方の特性を持っている，特別な時期です。

　乳児はアニミズムの世界に生きています。人の形である人形だけでなく，物も自然も動物も，自分と同じように生き，話し，心を通わせていると感じています。ですから，玩具や人形なども，丁寧に扱います。それらの扱い方が，直接自分自身への大人の振る舞いに感じられるからです。

　幼児は，少しずつ人間と他の動物や，植物，物などの違いがわかりだし，区別ができ（概念＝特徴がわかる）見立て遊びができるようになります。言葉からの理解ができるようになってきます。

　この動物的な感覚の強い**乳児の世界**と，現実を見極める**幼児の世界**と，この両方を行ったり来たり自然にできる，最後の時期です。この時期に，しっ

かりと両方の世界を行ったり来たりしながら「ファンタジーの世界」を遊び
ましょう。この時期に，「ファンタジー遊び」をしっかり体験した子は，4
歳・5歳にかけて，「想像」と「現実」の2つの世界を区別できるようにな
るようです。

　物事を，しっかりと見て名を覚え，言葉を覚える。と同時に，物語の世界
は物語の世界として，楽しめる子どもになれるようです。

1　ファンタジー遊びのポイント

＊大人自身が，その遊びの主役となって，子どもになって行動をします。

＊大人自身が，その遊びの中で，思い，感じ，想像することを，言葉で言い
　ます。

　「おにぎり作ろう」「山に行こう」　　　：何をしたいか，何をするか

　「屋根まで行った」　　　　　　　　　：物や物事がどうなったか

　「さむい」「冷たい」「くたびれた」　　：何を感じたか

　「風が吹いてきた」「おいもが焼けた」：物や風景などの事実としての報告

＊大人自身が，その遊びを楽しんで演じている時，子どもたちは一緒に楽し
　みたいと真似をします。私は，その時，子どもたちの友達です。餓鬼大将
　です。

＊でも，私が差し出す遊びの倍返しで，子どもたちが遊びを教えてくれます。
　「あ，それ面白い！　真似したい」と思うことを，誰かが始めてくれます。
　その時，私は真似をします。皆がそれで真似をします。

＊すると，違うことをしていいと思った子が，また新しいことをします。
　それに気付くのは，大人の役目！　真似をし，皆が真似します。

＊遊びのルールや歌を壊す提案は，スルーします。この2点が，壊れたら
　「わらべうた」が「わらべうた」でなくなるからです。「ルールが違うね」
　「歌が変わってしまう」などと事実を述べることもできます（4・5歳の
　遊び＝下巻で取り上げている遊びでは，そうします）。

　でも，そうすると，正解・不正解の感覚が入ってきてしまいます。その価

値観は，ファンタジーの世界には，ふさわしくありません。私が真似をしなければ良いのですから，元の遊びを続けるか，より美的な，楽しい遊びを続ければ良いことです。

＊美しくないオフザケは，「それ，なーに？」です。

＊計画が大切です。どんな短いものでも良いので，歌う曲とその動き，その情景や言葉かけを書いてみましょう。それで，まずやってみましょう。楽しくなってきますよ！

2　ファンタジー遊びの計画

＊遊びの種類：主に，「しぐさ遊び」と「歩き」が，中心になります。

＊見立てに使う小物：お手玉・布・花はじき（５〜６色）・色や形の異なる
積木・色紐・色リング・重ねカップ・布を貼ったラップの芯・空き箱　etc.

＊季節に合わせる　行事などに合わせる

＊２つのファンタジーの形

　　A　１つの遊びで，ファンタジーを広げる

　　B　幾つかの遊びを積み重ねていって，物語を紡ぐ

3　ファンタジー遊びの実践

A　１つの遊びで，ファンタジーを広げる

『たこたこ』①『たんぽぽ』③

物語設定

『たこたこ』②

ブロック
（上を歩く）

机

水色の布
（またぐか
バチャバチャ
と渡る）

机（くぐる）

イス

イス（上がる）

イス

① たこたこ

様々な柄のハンカチを入れた籠を，皆の前に出します。

その中から，好きな柄を選んで取り出します。（選ぶというモデル）

しゃがんで，片手に持ったハンカチを上下に動かしながら，歌いだす。

歌いながら，少しずつ上に上げていき，だんだん立ち上がり，手いっぱい伸びたら，跳びながら歌い，「あ！ 風がきたヒュー」とハンカチを飛ばす。

拾ってきて，もう一度しゃがんだ所から繰り返す。

数回飛ばしたら，「高く上がった！ 屋根の上までいったよ」と言うと，「僕も屋根より高かった」などと，子どもたちは言い出す。

「今度は県庁の上まで飛ばそう！」（我が家の近くで一番高い建物）と言うと，「私も」と言ったり，自分の知っている何か高いものを言ったりしだす。

繰り返すうちに，山の上になったり，宇宙になったり，お日様になったり！ それぞれの子どもの知っている高いもの，遠いものなどが，出てきます。それは，楽しい知的な好奇心を刺激してくれます。山だって，皆が知っている山から，知らない山も出てきて，どっちが高いか，などと話が広がって，皆で調べてみるのも楽しいですよね。

★ ポイント どこがファンタジー？

実際には，どんなに高くても自分の背より跳んだ高さしか高くはなりません。でも，こうやって言葉にして「屋根まで」「県庁まで」「山まで」と言うことで，子どもの中には，見たことのあるそれらの建物や風景が見えてくるのです。その「高さまで上げよう」「上がった」と想像し，身体の中で実感しているのです。それは，子どもたちの身体の動き，手の振り方，真剣な眼差しを見るとわかります。これがファンタジーです。

子どもの中では，「どうやったら高く飛べるか」「高いものって，何があったかな？」「硬い布の方が，良かったかな」などなど，色々な思いや考えが浮かんでいるかもしれません。ひたすら，跳ぶ快感を味わっているのかもしれません。

どちらにしても，何回も何回も下から上に上がっていっては精一杯の高さで跳び続けて「ひゅーっ」と飛ばして，飛んだハンカチを拾いにいく。その繰り返しを嬉々として続けるのです。生活の中で「高い所・建物」を見た時，「あれだ」と思うでしょうか？「あれより高い建物ないかなー？」と思うでしょうか？「本当に，あんなに高く飛ばせるかな」と思うでしょうか？

②　たこたこ

「今日は，凧をあげながら，お散歩しようか」と，高くあげたり，低くあげたりしながら，歩く。椅子に上がった時には「高くあがった」，水色の布のところでは，「川に落ちないように気をつけて」と跳んで渡り，ブロックの上なら「鉄橋も渡っていこう」，机の下は，「トンネルもくぐっちゃお」などと一声で，その場の設定を言う。その設定に大人が本気で歩き，跳びくぐっていく時，子どもたちは，その風景の中にいるように，ふるまいます。

　勿論，「凧」なしで，「こんこんちきちき」でお散歩で行くのも良いですね。

③　たんぽぽ

■　演習

「たんぽぽ」と聞いて，あなたは何を思い出しますか？　できるだけ一杯書き出してみましょう。幾つぐらい，出てきましたか？　皆で出し合ってみましょう。

- ア　田んぼの中のたんぽぽ
- イ　道端のたんぽぽ
- ウ　黄色の花・白い花
- エ　花（色・一杯の細い花・丸いぎざぎざ）と，ガク（内向き・下向き）
- オ　葉っぱ（ぎざぎざの葉・地面に広がる葉っぱ）
- カ　茎（ストロー状の茎・ちぎると出てくる白く粘っこい汁）
- キ　たんぽぽを編んだ首飾り・冠・腕輪など
- ク　白い真ん丸い綿毛

ケ　風に飛ぶ綿毛

コ　長い根っこ

サ　春

★　ポイント①

　出てきた中から，好きなものをえらんで，たんぽぽの物語をつくり，歌いながら，その情景を表現してみましょう。「たんぽぽ」の歌だけでも良いし，１・２曲なら他のわらべうたを入れても良いです。グループで考えて，お互いに発表すると，楽しいですね。

★　ポイント②

　大切なことは，何でしょう。歌を歌い続ける中で，全てが進むことです。ちょっとした設定「田んぼです」「茎が折れました」「風が吹きました」などを入れたとしても，端的に伝えるだけにして，音楽の流れを決して壊さないことです。

★　ポイント③

　私自身の定番は，こんな遊びです。

＊たんぽぽを足元から一本摘んで手に持ち，それを見つめながら，何回か歌う様子を見せる。（実際には，何も持たずに）その後，「ふー」と綿毛を飛ばし，その後を目で追う様子を見せる。これを数回繰り返す。もちろん，毎回同じ所から，たんぽぽを摘まないように気をつけましょう。

＊両手を上げて，歌いつつ，たんぽぽが風にゆれる様子を全身であらわす。「あ！　風が吹いてきた」クルクルまわりながら，離れた所に座る。「寒いかぜ」と丸くなって，土の中にいる様子。歌はずっと続ける。「春かな，少し暖かい」両手を合わせて，芽のようにちょっと出し歌う。「まだ寒い」とそのまま歌う。「暖かくなってきた」と両手を少しずつ上げ，頭の上に伸ばす。次に少しずつ立ち上がる。頭の上で両手を蕾のように膨らませる。両手を丸く開き花をあらわす。最後に外に両手を少し開き，綿毛になる。この間，「芽が出た」「蕾が」「花が」「綿毛になった」などと，言っても良

いし，子どもの様子をみて「芽が出たね」とか「まだ出ないね」「伸びたね」とか，声かけもしたい。歌の流れを壊さないように続けながら。

　難しいなら，何も言わずにひたすら歌い続けて，動作を変えていくだけでも，子どもたちはわかります。

　「あら，強い風が，ひゅー」でクルクルまわりながら飛んでいき，違うところに落ちる。土の中からを繰り返す。

　子どもたちは，ひたすら土の中から伸びて開いて飛んでいきます。その中で，その子の，たんぽぽの一生が，繰り返されます。

B　幾つかの遊びを積み重ねて，「私」の物語にしていく

　一回の遊びでは，１つか２つのわらべうたで遊びます。それを重ねていく中で，その遊びが満足すると子どもたちは先に行きたがります。ですから，前の遊びはあっさりと数回で済ませて，その続きを新しいわらべうたで遊びます。そうやって，だんだんとお話が続いていきます。

　次に，３つの例を書いてみました。この表を見本に，どう遊ぶか実践してみましょう。

☆**お弁当を持って，遊びにいく**

テーマ	①おにぎり作り	②お散歩	③お弁当作り	④遠足	⑤山登り	⑥海行き
わらべうた	コメコメコッチコぎっちょ	どんどんばし	ななくさなずななべなべ	エエズゴーゴーオフネガ	かたゆきごっちオフネガ	オテントサンドドッコヤガイン
小物	お手玉・子籠・お手玉を出していく布	お手玉・子籠ハンカチ	②＋色積木・花はじき	③	③＋見立ての水筒・リュック	③＋見立ての水着・リュック
鑑賞曲				ねんねこせ	ひふみよよもの	なみなみわん

　10〜15分の遊びから始まります。数回して②に進み，数回して③に，と進みます。

その頃には，①のコメコメは，もう子どもたちには必要なくなっていることでしょう。おかず作りをした後に，「おにぎりも持っていこう」と籠に並べたお手玉を出してそこから取るだけでも，子どもたちは満足かもしれません。籠のお手玉を見て，誰かが「ぎっちょぎっちょ」と始めた時は，「ぎっちょ」を数回ずつするだけでも充分満足するかもしれません。中には，知らん顔してさっさとお弁当に詰めている子もいるかもしれません。

　④⑤⑥は，行き先が違うだけですから，どれか一つでも良いですし，子どもたちが大好きな遊びになったら，全部遊んでも良いですね。その時，行って帰って小物を片付けた後に，「くたびれたね。お昼寝しようか」と寝転ばせて，子守歌や鑑賞曲を聞かせてあげるのは，素敵ですよ。

☆自分で織り，染め，洗って，干した布で，お洒落して，お祭りに行く

（布ハンカチ・シフォン・小風呂敷・風呂敷・風呂敷より大きめの裏生地や木綿生地など）

（染めの型にする，様々な形と色の積木，花はじき，小リング等）

テーマ	①布織り	②染め・洗い・干し	③お祭り行き	④お祭り行進
わらべうた	ハタハタオレヨセンシュカンノンサン	ハタハタオレヨももやももやうえからしたから	ハタハタ・ももや・うえから・こんこんちき（おやま）	同左こんこんちき（打楽器）

　子どもは，様々な布をまとうのは大好きです。その布を自分で織り，染め，川で洗い風で乾かし，身にまとってお祭りに行く。布は織っていくと，だんだん大きくなって，重くなるでしょうね。初めは織るだけでお洒落して，腰を振ってみたり，歩いてみたり。

　型押しで模様を作ったことありますか？　元々の布に，色もつき模様もついていますね。それを白い布に見立てて，自分の好きな色と模様をつけてみる。その想像を！　色積木やおはじき，小リングなどを，型押しや，散らし，転がすなどして，模様つけ。

　染めたものは，川などで布晒しをして，色を鮮やかにし，乾かすのだそう

ですよ。

　最後に身にまとった時は，元々の生地の色？　自分の作った模様？　どちらで遊んでいるのでしょう。想像と現実と行ったり来たり。

☆泣く子（人形）の手当て（傷や風邪），遊び，お風呂，昼寝（その間遊び），起こす

テーマ	①泣いてる子	②お散歩1	③お散歩2	④お風呂・お昼寝	⑤お昼寝・目覚め
わらべうた	なきむしけむし （手当てをする） ぜんぜがのんの	ぜんぜがのんの ハダヤノバサマ かれっこやいて	どうどうめぐり ぎっこばっこひけば	ドッチンカッチン （身体洗い） どんぶかっか	チビスケドッコイ（しぐさ） すってんてれつく（しぐさ） ととけっこう
小物	花はじ（薬） ハンカチ(包帯)	囲炉裏や火鉢になる箱か籠		お風呂用の大布 石鹸用積木・小洗面器・タオルと布団用ハンカチ	布団用布・ハンカチ
鑑賞曲				ねむれねむれ	季節の歌

　「♪なきむしけむし～」「どうしてないているの？」

　お母さんやお父さん役の子との会話から始まります。怪我なら「どこ？なぜ？　切れたの？　すりむいたの？　血が出ているね。血は出てないね」どんな処置をしますか？　薬を出しますか？　もう一度来るように言いますか？　どんな注意をしますか？

　病気だったら，どんなことをしますか？　熱を測る，聴診器を当てる，お腹をそっとおす，喉をみる。どんなお薬を出しますか？　何回飲むように言いますか？　どんな注意をしますか？

　飲む薬と塗り薬：それぞれの花はじきの色は何色？　子どもは，良く見ています。飲み薬と塗り薬が同じ色の花はじきだったら，そこで全ては「にせ

もの」になってしまいます。

　一番大切なこと。お人形は，その子にとっては生きている赤ちゃんです。

　丁寧に，大事に，生きている子どもとして接しましょう。子ども本人にも，本当のお父さん，お母さんとして，敬意を持って話しましょう。すると，子どもたちが素敵なお父さん，お母さんになってくれます。

☆ファンタジーでは，多くの小物を使います

①それぞれの小物の入れ物（箱・籠・ザル等）を決めて，いつも同じように詰めて出しましょう。

②ファンタジーで遊ぶ間は，それらはキチンと数を揃え，美しく入れ物に詰めて大人が管理しておきましょう。（勿論，そのシリーズが終わったら，自由に遊べるように戻しましょう）

③遊びの中で，最も良いタイミングで子どもの前に出します。

　（初回と，２・３回目は同じ時もありますが，遊びが進むと違ってくる時もあります）

④子どもの前に出した物の中から，大人は選んで（モデルです。美しい動作で）遊びだします。

⑤子どもは，その中から好きな物を選びます。（色・素材・形・大きさなど多彩な物を用意する）

　決して大人が選んで渡さない。自分の意志で，自分の手で取ることで，遊びになるのです。多彩な中から選ぶことで，子ども自身が，自分の好みや好き嫌いを知ることができます。

　ゆったりと選ばせてあげましょう。でも，多くの子が待つ状態の時には，歌い遊びだしましょう。催促としてではなく，ゆっくり選ぶ自由を保障するために。終わるまで選べなかったとしても，次の時には，少しは早くなるかもしれないし，遊びたければ頑張って決めるようになります。

　大事なことは，人に言われて早くするのでなく，自分自身の気持ちで早く決めようとすることです。

⑥遊び終わったら，空の入れ物を出し，大人がそこに元のように小物たちを，戻します。（モデル）

⑦特に，ハンカチや布は，遊びの中で「結び方」を知り，片付ける時に「たたみ方」を知ります。モデルを示し，真似したい子には具体的に説明し（×を作って下にとおす・隅を揃えて等），見せて，見守って，本人が美しく包み畳む手助けをしましょう。

⑧小物を使う時は，小物を片付け終わるところで，「遊びが終わり」です。勿論，小物を使う時はそれを出す時から始まります。「わらべうた」は，自然に始まり自然に終わります。でも，大人の中では，始めと終わりをはっきりとしておきましょう。特に終わりは，物事の始まり・経過・結果の最後の部分です。結果がとっ散らかしでは，子どもの中には結果が見えてきません。

　　最後の1つ，最後の1枚「あれは，誰が使ったの？」と聞いて，子ども自身（時には，自分が使ってないけど，片付けてくれる子）に片付けてもらいます。大人は基本的に手出ししません。

　　子どもたちが納めた，箱や籠などは大人が次のわらべうたの為に片付けます。「しつけ」ではありません。自分が動くことで，何か変化が起こること，そしてその結果が出ること。それを，知り体感することは，わらべうたのとても大切な宝物の一つです。

1	元の遊び	B　幾つかの遊びを積み重ねて，「私」の物語にしていく　に出てくる遊び
2	しぐさ	コメコメコッチコ　ぎっちょ　ななくさなずな　なべなべ　オテントサン　ドドッコヤガイン
		ハタハタオレヨ　センシュカンノンサン　ももや　うえからしたから
		かれっこやいて　ドッチンカッチン　どんぶかっか（乳児）チビスケドッコイ　すってんてれつく　ととけっこう
		2人組　オフネガギッチラコ　ぎっこばっこひけば
3	歩き	エエズゴーゴー　かたゆきごっち　こんこんちきちき（おやま）ぜんぜがのんの　ハダヤノバサマ　どうどうめぐり

4	役交代	エエズゴーゴー　なきむしけむし
5	門くぐり	どんどんばし　こんこんちきちき（おやま）　どうどうめぐり
6	鑑賞曲	ねんねこせ　ねむれねむれ　ひふみよ（役交代） なみなみわんわちゃくり（しぐさ）

(1)　鬼きめ（他己認知・数の基本）　演習・実践・ポイント

※理論編 p.52〜57

　「鬼きめ」を，役交代などで実際に鬼を決める時に使うのは，**4歳後半から5歳**です。

　それまでは，「鬼きめ遊び」として遊びます。物や人を，順番に，1つずつ触っていく遊びです。乳児の時代は他の人から触られ，語りかけられ，世話をしてもらい，自分の存在を知りました。また言葉を学び，自分の足で少しずつ自分の意志で動くという，自分を知りだしました。自己認知の世界です。

　「鬼きめ」遊びは他己認知の第一歩です。

　自分でない物・人を，一つ一つ，自分の目で見て，自分の手で触って，確認していく作業です。

　物も人も，形があり感触が違い，自分と同じように，一つの存在としてあることを知っていくのです。

　自分という個と，違う存在の他人や他の物＝他己を身体を通して知っていくのです。

　1つ・1人という個がはっきりとわかってくると，それぞれの違いを観察する意識（学び）が芽生えます。

3つの世界：選択　1　比較遊び

　　　　　　　　　　2つを交互に触り（比べ），どちらかを選ぶ

　　　　　　　　2　選択遊び

　　　　　　　　　　多数の中から1つずつを順番に，抜かさずに触り，選ぶ

：数 　3　数の体感

　　　　数に対する，直感的感覚を，視覚・触覚で，身につける

4つの段階　3歳　（一）大人がしてみせ，子どもは見る

　　　　　　　　　　数の体感（3）跳ぶ・触る

　　　　　　　（二）大人と一緒にする

　　　　　　　　　　10の数を見る

　　　　4歳　（三）子どもがする。子ども同士でする

　　　　　　　　　　数の体感（5）触る

　　　　5歳　（四）発展した子ども同士の遊び

　　　　　　　　　　10の数の色々を見る

		遊びの種類	第一段階（3歳）	第二段階	第三段階（4歳）	第四段階（5歳）
1	2つ	比較遊び	①あてぐっちょ		①あてぐっちょ ②オエビスダイコク	③おてぶし ④どっちどっち
2	多数	選択遊び	①せんべせんべ		②いなかのおじさん	
					③ぜんじゃら	④いものにたの
3	数の体感	数の体感	①いっちょぎっちょ	④イップクタップク		⑤イチニノ
			②ひふみよ3勺		③ひふみよ5勺	

『どっちどっち』『オエビスダイコク』

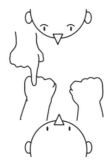

2つの内の、どちらを選ぶのか

1　比較遊び（2つの内の，どちらを選ぶのか）

①　あてぐっちょ　3歳
（花はじき　子どもの人数＋数個　または，手の中に隠れる小さなもの）

● 実践①

ア）大人が，両手の中に花はじきを1つ入れて歌いながら手を振り，3回目
　　の終わりでどちらかの手に隠し，両手を前に出します。「どっち」と聞い
　　て，指された方をあけて「あたり」か「はずれ」を言う。「はずれ」の時
　　は，2度する。当たったら，子どもにそのおはじきを渡す。次の子に同じ
　　ようにして，当てさせる。

イ）子どもが真似して手を振れば，一緒に歌を添え，どちらか当てる。当た
　　ったら，キチンとおはじきを貰い，こんどは教師がしてあげる。この繰り
　　返しが楽しいのです。

★　ポイント①

ア）当たったら，当てた人におはじきは渡します。「当たったら貰う」とい
　　うルールがなくなれば，当てっこ遊びではなくなります。

②　オエビスダイコク　4歳
（花はじき・手の中に隠せる美的小物を1人に1つ，籠に入れて用意）

● 実践②

ア）まず1人の子に大人が「あてぐっちょ」をして当てさせる。当たったら，
　　おはじきを渡し「今度は私が当てるからして」と「あてぐっちょ」を歌い
　　だす。当てる時に「オエビス」を歌いながら左右の手の甲に触れていって，
　　終わりの「ス」で止める。

イ）当たらなかったら「残念」と，次の子と，新しいおはじきで「あてぐっ
　　ちょ」をする。子どもが，当てようとしたら「オエビス〜」と唱えて左右
　　を指すように促す。

ウ）一度で当たらなかったら，もう一度「あてぐっちょ」と「オエビス〜」
　　をする。それでも当たらなかったら「うーん残念！またね」と次の子にい
　　く。当たったら渡し，「あてぐっちょ」をしてもらい「オエビス」で当て
　　る。

エ）そうやってどんどんと歌い遊び，できれば全員にしてあげる。終わった
　　ら，手を挙げながら「当てておはじき貰えた人？」と手を上げさせる。
　　「おめでとう！」と言って，おはじきを入れる箱や籠をまわして集める。

オ）次の時も，同じように全員とする。

カ）３回目には１人の子と「あてぐっちょ」と「オエビス」をしてみせ，
　　「２人組になってしましょう」と言って，おはじきの箱（籠）を，皆の前
　　に出し，「１つずつ持っていきましょう」と言う。大方の２人組ができて，
　　座ったら「当たったらおはじき貰って，交代ね」と伝え，「あてぐっちょ」
　　と歌いだす。初め歌を助けるが後は子どもたちにまかせる。それぞれが，
　　それぞれの速さで遊ぶでしょう。

★　ポイント②

ア）子どもも大人も，当てたら貰います。当たらなければ貰えません。ルー
　　ルがなくなったら，遊びでなくなります。大人が当たらなかったら，「あ
　　ら，当たらなかった！」と少しは残念がりましょう。大人をだませたこと
　　は，子どもはうれしいものです。でも，隠し方が下手で，見えているのに
　　わからないふりはいけません。そんな時は，キチンと当てて「だってココ
　　から見えていたもん」と事実を伝えましょう。子どもは，見えないように
　　しようと，工夫し努力するでしょう。その意欲こそ，大事な遊びの出発点
　　ですし，面白さなのですから。

　　　次に上手にできた時「上手にかくして，わからなかった」と喜べます。
　　手をとって「こうしてこうやったら良いよ」などは，いらないお世話です。
　　それよりも，次の子，次の子，と歌い遊び続けましょう。上手な仕方を，
　　一杯見せてあげましょう。

それぞれが自分の手に隠して唱えながら振るだけでも，楽しくしています。

イ）色を選びますので，子どもの人数分以上の，おはじきを用意しておきましょう。

ウ）幼児のわらべうたは，鼓動＝拍ごとの動きが，基本中の基本です。拍ごとに触られるのを子どもが感じる速さで，利き手の人差し指で，子どもの右手・左手と交互に手の感触を感じながら触っていきましょう。どちらの手から始めても良いのですから。

エ）歌い始めた時の手で終わるのか，逆の手の方で終わるのか，確認しましょう。そうして子どもと，より楽しく遊ぶために，時には当てて，時にははずれに，とできると大人も楽しめますね。子ども同士の時には，キチンと交互に指しているか，見ておきましょう。どちらに入っているのかわかって，途中で交互に指さないのは，ルール違反です。「思った方にいくように，始めなきゃね」と伝えましょう。子ども自身にとっても，歌の終わりは，歌い始めの手か，逆の手かを，発見する，見つけるのが究極の面白さなのですから。「知る」ことの，始まりです。

③　おてぶしてぶし　5歳
（花はじき３×人数分の１・５倍　色が選べるように大目に揃えて）

● 実践③

ア）両手の中に花はじきを入れて，歌いながら（拍ごとに）振り，「いーや」で左右に手を分け，目の前に出します。子どもが当てようとしたら，「どっちどっち」と歌いだします。「オエビス」で遊んだ子たちは，すぐ同じようにするでしょう。当たったら貰う，当たらなかったら次の人。大人が１対1で，どんどん「おてぶし」と「どっちどっち」で遊び続けます。

イ）２人組になって互いに花はじきを３つずつ持ち，１個ずつを交互に「おてぶし」と「どっち」で当てっこをします。当たったら相手から貰い，当てられたら渡し，と持ちおはじきの数が変化します。誰かが，３つとも取

られて0になった時，ゲームオーバーで全員やめます。「おはじき，幾つ
残っている？」「6つの人？」〜「0個の人？」と，順に手を挙げてもら
い確認します。

★　ポイント③

ア）大人としている間に，歌い始めの手で終わるか，逆かを気がつくと良い
　　のですが。
イ）最後に，手に残ったおはじきの数の確認をする。始まりがあって，経過
　　があって，結末があります。その結末を，子ども自身が確認する行為は，
　　とても大切です。結末をしっかり確認することで，そこまでの始まりと経
　　過が子どもの中で，生きた体験として残るのです。そして，次の「もう一
　　度してみたい」という意欲につながります。
イ）数の確認だけです。子ども自身が自分で「勝った」「負けた」と言うこ
　　とはあっても，大人が勝った人？負けた人？とは言いません。勝敗よりも，
　　手の隠し方，両手に分ける技術，顔や目の動きなどの駆け引きなど，高度
　　な面白さがあるからです。

④　どっちどっち　5歳

● 実践④

　「オエビス」と同じように，左右交互に指していって，当てます。ただ，
「オエビス」と違う点が2つあります。
ア）歌の途中に，**休符**があるのです。幼児のわらべうたは，鼓動＝拍ごとに
　　動くのが，基本中の基本です。特に，**休符**は「音も言葉もない」という特
　　別な，音楽的には，より拍を意識することのできる大切な拍です。ですか
　　ら，他の遊びでは，休符も同じように動作を続けますが，「鬼きめ」だけ
　　は，**休符の時には動きを止めます。**なぜでしょうか？　いちど，休符も動
　　作を続けて遊んでみてください。動きを止めるのと，何がちがいますか？
イ）「オエビス」は，触り始めた手の方で歌が終わりますので，子どもが当

たりと思った手から始めれば自分の思った手で終わり当たります。でも「どっちどっち」は，始めた手と，逆の手で終わります。それが，わかる子とわからない子と出てくるでしょう。

★　ポイント④

ア）わらべうたの楽しさの源泉は，止まることなく続いていく，歌と仕草です。でも「鬼きめ」は，歌の終わりが当たりで，鬼が決まります。ですから，一回で歌い終わるように歌います。1拍ずつがしっかりと歌われること。休符に動きが入ると，先に進みたくなります。休符で止まると，歩みが一歩ずつになります。それで，一回で終わることができます。拍をきっちりと1つずつ触って感じるのは，とても良い体験です。

イ）わかる子もわからない子も，それぞれで良いでしょう。偶然でなく，必ず逆の手で終わることがわかっていても，当たるとは限らないですし。ただ，わかっている子には，「良く当たるわね。何かコツがあるのかしら」などと，不思議がることは，他の子が何だろうと考えるきっかけになるかもしれません。でも，そこで答えを言おうとしたら「シー！　きっとみんなも見つけるから」と言って，止めましょう。「何かがある」と気付いた子は，わかっている子の様子をしっかりと観察するかもしれません。

2　選択遊び

歌いながら順に触っていき，歌の終わりに当たったものから，不在（また

『せんべせんべ』　　　『いなかのおじさん』　　　『ぜんじゃら』

● 教師

は変化)。最後の1つまで当てて，0になって終わり。

① せんべせんべ 3歳

　乳児の遊び編 p.103を確認しましょう。ただ，3歳児ですから両面を焼いてから食べます。鬼きめの最初の遊び，大人がしてあげる遊びです。

● 実践①

ア）「おせんべ焼こうかな」と両手を床に並べます。何人かが，同じように両手を置いたら，焼き始めます。大人は，左手は床に置いたまま，右手で右隣から順に子どもの手を触っていきます。

イ）歌の最後に触った手はひっくり返します。ひっくり返した手は飛ばして触っていきます。全部がひっくり返ったら「みんな片面焼けたね。じゃあこんどは裏も焼いていこうね」とまた自分の右隣から，始める。

ウ）同じように，歌の最後に触った手はひっくり返し，ひっくり返した手は飛ばして触っていきます。全部がひっくり返ったら「全部焼けた。食べよう」と自分の手を食べる真似「パリパリとおいしい」などと言って食べる。

エ）食べ終わったら，すぐ「おいしかった。もう一枚焼こうかな」と両手を置く。同じように片面，裏面と焼いて「しょうゆ味にしようかな」と自分の手に醤油を塗る仕草をしてから食べる。食べながら「みんなは，何味?」と聞いてみる。

オ）食べ終わったら，「今度は，塩味にしよう」とか○○味を色々変えて言い，両手を置き，歌い触り始める。それぞれの好きな味が言えると良い。

★ ポイント①

ア）3歳児ですから，自由参加。集まった子で始めましょう。初めの頃は，途中から加わっても良しとしましょう。でも，途中で抜けるのは「まだ焼けてないよ」とか「もうすぐ焼けるから，食べてから抜けよう」とか声かけをして，止めましょう。回数重ねて遊びを知った後は，途中から入るの

も，「次で入ってね」と言って，待たせましょう。

イ）「当たったら，違う仲間になるので，今は触られない」この「焼けたせんべい」と「焼けてないせんべい」を視覚的に見て，触られて，２つの世界を知ります。３歳児は，こうやって１つの物が変化すること，変化しても同じものであることを知ります。表を焼いた時と，裏を焼いた時と，当たる順番は同じになります。初めに当たる人，最後に当たる人，初めに両手がひっくり返る人，最後まで両手が残る人，などの面白さ。そして同じように，その人たちが表の時と，裏の時と同じであることから，同じ人数で同じ人から始めたら，同じように変わっていくことに，気付くかもしれません。これは，物事の法則の一つです。

途中で入ったり抜けたりしない状態で遊べると，それに気付くでしょう。

ウ）大人が本当に自分の手を「おせんべい」と感じて食べることで，子どもたちは自分の記憶の中のお煎餅やお菓子の味を思い出すのです。そして，次の大人の「もう一枚焼こうかな」に自然に両手を出せるでしょう。

エ）焼く前に「しょうゆ味」と言ったら，全員が「しょうゆ味」と思い込んでしまいます。焼いた後に言うと，子どもたちは「え？　味つきなんだ。何味かな？」と考え出します。

オ）味つきの煎餅，と想像し出したら，初めに自分たちで決めだすでしょう。「今度は，塩味にしましょう」という限定は，ファンタジーの種を枯らします。「〜にしましょう」でなく「私は〜にする。あなたは何にする？」が，大事な原則です。それぞれ，味を変えていき，何度も何度も繰り返し遊べることが大切です。

＊３歳のあいだは，子どもがするのでなく，しっかり見せ続けましょう。

② 　いなかのおじさん　4歳

初めての，輪になっての鬼きめ遊び

● 　実践②

ア）両手を軽く握って立ち，「丸くなろう」と声かけする。数人でも，丸く

なって両手を出したら，右手の人差し指で，右隣から順に手を拍ごとに触りながら，歌いだす。

イ）歌の終わりで当たった子が次の鬼。その子の手を握って，手前に引いて中に入れ，代わりに大人は輪に入る。その子がすぐできそうなら，歌だけ歌う。しそうだったら，右隣からするように動作を見せて，歌いだして動きを誘う。それでも無理なようなら，「もう一回するね」と，右隣から始める。

★　ポイント②

ア）鬼きめをするのでなく，鬼決めの歌で，代わっていく遊び。初めは，もたもたするかもしれませんが，自分の右隣から始めること，順にとばさないで触ること，の２つをしていれば，途中から始めても，２回続けてしてしまっても歌い続けましょう。歌が心に入っていくと，身体は自然に動きだします。

③　ぜんじゃら　4歳

●　実践③

ア）「20個，丸く並べよう」と大人が，おはじきなど小さめのものを丸く並べてみせる。歌いながら，指先できちんと順に指していき，歌の最後で触ったおはじきを外し，次からまた始める。指を宙に浮かせて指すのでなく，きちんと人差し指で１つずつ触ること。どんな時も身体を通して，体感できるように。

イ）初めは，20個等数を揃え，円に並べて，「順番にとばさず指していく・当たったらはずし，次から始める」などのルールが守りやすい形で遊ぶ。初めの20個が合っていたら，一緒に終わるはずです。残った子がいても，終わりです。

　　終わらなかったら何かがちがっていたのです。初めの20個の数が合ってないのか，触ってなかったのか，外しそこなったのか，一回か二回か，指

しそこなったのか。何回か重ねる中で，子どもたちができてきたら，大人はモデルをやめて，子どもたちの様子をみましょう。原因がわかったら「20個，もう一回数えてみる？」「外した？」とか，ちょっとした声かけを全員にしてみましょう。できていても，無意識の子もいます。意識をちょっとできます。自由遊びなどで数人で遊ぶようになったら，うれしいですね。

④　いものにたの　5歳

『いものにたの』

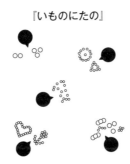

● 　実践④

ア）「好きな形に並べて」とおはじきを出し，並べるのを待つ。おはじきを○や△・□・花・ハート・パンダなどの好きな形に並べる。あまり遅い時は「あと50数える間よ」とか「あと30秒」とか時間を決める。歌いながら，1つずつ順に人差し指で指して（触って）いく。歌の終わりで指したおはじきを外していく。外した隣から次は指していく。（必ず触ることが大切＝体感）

★　ポイント④

　少し慣れてきて，上手になると，外した物を10個一山に重ねるとか色ごとに並べるとかする子もいる。それをすると，次の歌に出遅れる時もあるが，見逃します。必死で遅れたのを速く数えて追いつく子や，適当に飛ばしてする子，間に合った時から始める子，色々ですが，終わった次から始めていればOKにします。それが，第一のルールですから。

まず，言葉をしっかり読みましょう。何かに気付きましたか？　それから覚えましょう。どんな風に覚えますか？　易しい覚え方は？　そうです。1・2・3・4・5・6・7・8・9・10の掛詞です。

　それを，頭の中で思い出しながら覚えましょう。その心の中の映像は子どもたちにも伝わるでしょう。言葉の面白さも，感じることができるでしょう。10という数を1つの塊（かたまり）として，受け止めることができるでしょう。

3　数の体感（3・5・10身体を使って1つずつ数える，と同時に一塊に捉える）

『いっちょぎっちょ』

①　いっちょぎっちょ

　立って手で反動をつけて，「ほい」のところで2回跳び，最後は「お跳び」で手で勢いをつけて遠くに跳ぶ。上手に跳べるようになったら，床板の線に

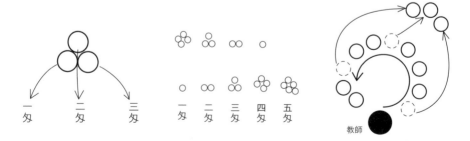

そって横に数人で並び，誰が遠くまで跳ぶかを競う遊びもできる。２人で両手をつないでその場跳びで，３回目に高く跳んだり，と様々に遊べる。

② **ひふみよ　３匁** 3歳

一匁は１番目のお手玉，二匁は２番目の，三匁は３番目のお手玉を床から取って「匁」の時にポンと投げて受け止める。

③ **ひふみよ　５匁** 4歳

一匁はお手玉１つ，二匁は２つ，三匁は３つ，四匁は４つ，五匁は５つと床から握って上に投げる。それだけでも良い。物足りない子たちには，「投げ上げたのを幾つ受け止められるかな？」と競い合うのも，大きな子たちには面白いことでしょう。

④ **イップクタップク** 4歳

＊当たっても輪から外さない遊び「せんべせんべ」をした後にする。

＊基本，大人が見せる遊び。

● **実践④**

ア）お手玉や積木など，しっかり触れるものを10個丸く並べる。自分の前のものから順に触っていき，歌の最後に当たったものを，輪の外に出す。当たった次のものから触りだす。（10個は皆違う色や柄にしましょう）

イ）外れていった所に空白ができるように，初めの位置を決して動かさない。基本的に１回ずつ止まらずに２回目・３回目と，歌い続ける。「ツルリンドン♪」と休符の所で当たりを外し，「イップク〜」と歌いだす。

ウ）最後の１個も歌いながら触り続け，歌の終わりでしっかりと当たりにして外す。

エ）基本，３度以上続けて見せます。数日見せた後，そのワンセットを自由に使えるように，置いておきます。

　最初に並べた位置は最後まで動かさない。動かすと, 輪の外に外されたもの（＝今まであったのに, なくなったもの）が見えなくなる。

　全部から, ０になる変化を目で見えるようにして置く。最後の１個になっても, その１個をちゃんと歌の最後まで触り, 輪から外して終わりにする。

⑤　**イチニノ**　5歳

『イチニノ』
10×1（縦横斜め）

『イチニノ』
5×2・2×5
（縦横）

『イチニノ』
ピラミッド
（反転）

『イチニノ』
3×3＋1

● **実践⑤**

ア）５歳の三学期に, 見せましょう。多くの子の, 思考形態が変化していく時にこそ面白く感じて, 心に残っていくでしょう。それより早くは, あまり意味がありません。

イ）10の数を, １つの塊として, 受け止めることができた子たちには, 10の数の多様さを見せましょう。

　・箱から10個のお手玉を出しながら唱え, 布の上横一列に並べます。
　（右から左へ）

　・唱えながら１つずつお手玉を動かし斜めに置く。（奥から手前）

　・同じように, 縦に並べる。（奥から手前）

　・一回ずつ同じように, 横２列（右から左へ５つ）縦２列。（右左の繰り返し）

　・ピラミッド右から左へ, 前の列の間に置く。奥から手前へ４から１へピ

ラミッドの形のまま180度回転させて，指しながら唱える。（ここだけ左右逆）

・最後に横3列を3回並べて最後に1つ置く。（右から左へ）

　最後に元の箱に戻します。何番のお手玉か，初めから終わりまで決して変わらないように！　子どもはきちんと覚えています。

ウ）これは，見せる遊びです。子どもにはさせません。なぜなら，絵（図柄）として，丸ごと受けとってほしいからです。子どもが自分ですると，部分の集合になってしまうからです。「一塊の10が，色々な形になった」が大切です。

★　ポイント⑤

イ）子どもたちから見て自然な並び「左⇒右・手前⇒奥」となるように，並べる大人は「右⇒左」「奥⇒手前」と並べることが，大切です。そうでないと，不自然に感じて，そちらに気を取られて，数の塊を感じるのが難しくなります。大切な点です。

ウ）1〜10までの語呂合わせは，いっぱいあります。どんどん聞かせましょう。特に年長の子どもたちは，このような言葉遊びを面白がり，喜ぶような年齢です。二学期頃からそんな言葉遊びや詩を，張り出したり，本を置いたりしておくのも良いですね。そんな中からお気に入りができて，語呂合わせの絵を10枚描いて，紙芝居のようにして唱えたり…。

　そんな，積み重ねの最後に，少し抽象化された，この遊びを見せてあげてください。

---

(2)　しぐさ遊び（観察と模倣＝学びの基本）

演習・実践・ポイント

　　※理論編 p.58〜63

「しぐさ遊び」とは何でしょうか？　「生きる力」＝「学ぶ力」の出発点で

す。人は，生まれ落ちた瞬間から，この世の生活を終える瞬間まで，日々新しい体験をしています。

　初めは，親や兄弟から，祖父母や親戚の誰彼から。近所や家族と交友関係のある様々な人々。保育園や幼稚園，小学校・中学校・高校。そして就職したり短大や大学にいったり。その後も，仕事をし，家庭を持つ人，親になり祖父母になる人もいます。そんな中で，好きな趣味を見つける人や，長い交流を続ける友達と出会う人もいるでしょう。仕事一筋の人もいるでしょう。

　いずれにしても，階段を一段ずつ上るように，前の体験の上に新しい体験を重ねて，それぞれの人生を歩み，作り出していきます。

　「人間」と書くように，様々な人と出会い交わる中で，その人々を通して多くのことを知り，学び，自分のものとして（時には反面教師として）身に付けていき，「私」としての人格を作り上げながら，人生を歩んでいくのです。意識しようがしまいが，人は周りの人々，周りの環境を見て育ちます。

　無意識の中で観察し，その影響を受けながら育ち，大人になっていきます。

　一方，同じ環境にあり，同じ人に出会っても，人によって，得るものは，違ってきます。それまでに体験してきたこと，知っていることによって，観察し，受け止め，感じることが異なるからです。

　子どもたちが，様々な人々，様々な出来事に出合った時，より広くより深く，学んでいけるに越したことはありません。それは，人生をより豊かに，より面白く，より力強くしてくれるからです。

　では，「学ぶ力」とは，何でしょう。「学ぶ」という言葉は「まねる」という言葉から出た，と言われています。「しぐさ遊び」は，まさにその「まねる」遊びです。人は人の行動・動き，考え方，価値観まで真似します。真似ることで，体験を繰り返し，その中で自分自身のものを見つけ身につけていきます。

　では，真似る為に必要なことは？「見る＝観察です」教えられるのでなく，自分自身で見て，発見して，それを真似るのが，本当の学びです。そして，この幼児期こそ，その基本であり，出発点なのです。

A 拍ごとに，同じ動作を繰り返す遊び

足・手・胴体の屈伸など，一部分の動きが基本

全員がそれぞれに同じ動作をする遊び

B 第一段階　3歳から　1人遊び　身体認知　手・足の一本化

　　　　　　　　　　　2人以上の遊び　身体全体の触れ合いと覚醒

　　第二段階　3歳から　2人組　共動の面白さ・意識化・コントロール

　　　　　　　4歳から　3人組　多様さへの対応

　　第三段階　4歳から　二重輪　2つの世界の認知・認識

　　　　　　　　　　　　初めと終わり　繰り返し

　　　　　　　3歳・4歳・5歳

　　　　　　　　　一重輪　円の体感　同線上の逆まわり

	形態	3歳	4歳	5歳
第一段階 平行遊び	1人	①たこたこあがれ ②いちばち		
	2人以上	①オフネガギッチラコ ②せりせりごんぼ ⑤せっくんぼ	③かなへびこ ④いたちごっこ ⑤せっくんぼ	⑤せっくんぼ
第二段階 組み遊び	2人組	①たけんこがはえた	②ムギツキコッテンショ ③なべなべ ④これのこんぐりどは	⑤こめつけあわつけ ⑥キッコーマイコー ⑦十日夜
	3人組	①まめがら	②おらうちの	③じごくごくらく
第三段階 集団遊び	二重輪		①にぎりぱっちり	
	一重輪	①なべなべ	①なべなべ	①なべなべ ②たんじたんじ

1　第一段階　◆1人遊び　◆2人以上の遊び　観察する→真似る→習得する

☆平行遊び。基本的に，子どもが1人でも成り立つ遊び。

　何人もの子が同時に遊びますが，お互い直接のつながりはありません。

☆動かす部位が，はっきりわかるように動かしましょう。

（足・腕は一本として見えるように，付け根から動かし，関節を曲げない）
☆関係ない部位が，同時に動かない（特に頭）。
☆身体を充分繰り返し動かす中で「緊張感から脱力できた状態」を身体が体
　験し，自分のものにする。

◆１人遊び

① 　たこたこあがれ（ファンタジー遊びのたこたこ参照）

● 　実践①－１

　あなたは，餓鬼大将です。あなたを大好きな子どもたちが寄ってきました。
何か楽しいこと，面白いことを，あなたが始めるのを待っています。歌いな
がら「しぐさ」を繰り返す遊び。さあ，どうやって始めますか？
　　ア　歌を先ず伝えて少し覚えてから，しぐさを見せる
　　イ　歌としぐさと一緒に伝えるが，初め全部を見せ，後は少しずつ教える
　　ウ　歌としぐさと一緒に丸ごと見せて，何度も何度も繰り返す

★ 　ポイント①－１

　子どもたちの「わらべうた」の遊び方を，思い出しましょう。何歳であろ
うと，どの遊びであろうと，全て丸ごと繰り返す。これが「わらべうた」で
す。五感をフル稼働して，丸ごと感じ，丸ごと覚え，丸ごと真似する。それ
が，「わらべうた」であり，幼児の特性でもあります。
ア）イ）大人に教えるように，細切れにして，部分的にきちんと教え，後で
　　　　つなぎ，全体を知る，という思考形態とは，まるで異なります。
　　　ウ）心身丸ごとで，受け止める。だからこそ，より美しくシンプルに，
　　　　歌と動きと，環境とを，整えましょう。

● 　実践①－２

　ファンタジー遊びの実践 p.41 を参照してください。
　布を凧に見たてて，遊びましょう。どんな布で，遊びますか？　できるだ

け，様々な布を持ち寄りましょう。大きい小さい中くらい・長い短い・硬い柔らかい・手触りの違い・多様な色。どれも，歌いながら動かし続けてみましょう。様々な動かし方を，してみましょう。

　子どもの年齢に合った，大きさは？

　心地良く，永遠に動かしていたいと思う，手触りの材質は？

　歌に合って，美しい動きができるのは？

★　ポイント①－2

ア）私自身は，柄ちがいの大判・薄手のハンカチをいつも30枚以上用意しています。

イ）片手で振っても，両手で振っても，子どもの手に合った大きさと重さと動き易さだからです。子どもが好きな柄を選べることが，とても大切に思えるからです。

ウ）みんな一緒。でも，一人一人違うものを選べる。

●　実践①－3

　連凧：1人ずつの遊びが，充分遊べて，そろそろ乱れだした頃には，「今日は，連凧をあげようと思うの」と「連凧」の説明をして，それぞれの凧（ハンカチ）を結びます。勿論先頭は私。「切れないように，あがろうね」と自分の凧を持って，歌いながらつながり歩きをします。「○○まで行ったね」といったり，「○○まで行こう」などと，皆で決めて出かけたり。「丁度良い風が吹いてきた！　ヒュー」と少しスピードを上げて歩いたり。「風は穏やかになったね」とゆっくりになったり，「わー，風があちこちから吹いてくる」と緩やかなジグザグ歩きで行ったり。とにかく，50回でも60回でも，歩き続けましょう！　大人が，もう満足と思う頃から子どもたちは活き活きと歌い歩きだすのです！

ア）将棋倒しにならないように，スピードを加減しましょう。倒れるのが，
　　面白くなったら何にもなりません。逆に，良いスピード感で走りに近い歩
　　きをした後は，子どもたちは，しっかりとした足取りで，歩き始めます。

イ）途中で，抜けた子が出たら，「あら，切れちゃった」と，そこで遊びを
　　やめても良いですが，歌い続けながら，その子のハンカチは外して次の子
　　とつないで，続けるのもよいでしょう。子どもたちは待って歩きだします。
　　大事なことは，その子が抜けたことを，無視しないことです。

ウ）幼児ですから，きちんと自分の行動を認知することが大切です。皆で1
　　つの遊びをしている時，自分が抜けても抜けなくても，何も変化が起きな
　　いということを，教えてはいけません。

　　　抜けた子は，自分の存在が，皆の中で重んじられていない，と感じます。
　　その集団の中で，自分の存在が認められているからこそ，人は正しく生き
　　ようとし，自分も他の人も，大切にしようと思えます。自分の存在が，感
　　じられるからこそ人の言うことに，耳をかたむけ，より良い人間になろう
　　とします。

　　　皆で1つの遊びをしている時，抜けることがあっても，それは1つの自
　　由です。でも，それが「自らが抜けた」という意識を持ち「抜けたことで，
　　周りに変化が起こる」という自覚がある時，初めてそれはその人にとって
　　の自由になり，その集団に自由の大切さと，その責任を教えてくれます。
　　その2つの自覚がない時は，それはただの怠け，無責任，混乱，最後には
　　崩壊をもたらします。

エ）抜けた本人も，無意識に学びを放棄してしまう癖を，身につける第一歩
　　となります。生きていくことは，学びの連続です。食べ方，寝方，起き方，
　　話し方，歩き方，手のつなぎ方，挨拶の仕方，仕事の仕方，人とのコミュ
　　ニュケーションの取り方，文の書き方，病院のかかり方，薬の飲み方，ご
　　飯の作り方，様々な仕事の仕方，最後は，死に方まで，全て1つずつ，新
　　しいことを学びながら人は生きていきます。誰か生きたモデルであったり，

話で聞いたり，新聞や本で読んだり，テレビやＳＮＳで見たり，色々な形であっても，全て見て聞いて学んで模倣して自分なりの生き方をしていくのです。

オ）その学びの第一歩の，幼児期に，自分の行動と，その結果を，認識させることは，幼児に関わる大人の大切な責任です。子ども同士「わらべうた」を遊んでいる時は，子どもははっきりと「ずるい」とか「今，抜けたら遊べん」などと言います。子ども自身も，はっきりとその変化を感じて，抗議します。もし抗議しないとしたら…。

　子どもが，子どもとして生きているのか，一個の人格を持つ人間として育てられてきたのか，私たちは考えなおさないといけないですね。

②　いちばち

●　実践②

　元は数人で手を積み上げていく役交代の遊びですが，３歳児では難しいです。でも１人ずつが，自分で左右の手を交互につまむ遊びは，簡単で楽しいです。

1ばちとまった（3・5・7）　　　右手で左手をつまみ4回振る
2ばちとまった（4・6）　　　　左手で右手をつまみ4回振る

　「ハチがきて〜」からは，両手でハチの針を作りブンブンとしても良いですし，ブンブン蜂になって，両手で飛びながら移動して，そこでまた始めても良い。

　「お花畑に行こう」とか「山に行こう」とか言って，イメージをつくると，より楽しくなります。

★　ポイント②

ア）4拍ずつ，左右を替える。手は2本あり，同じ役目ができる，という体験です。この体験は大切です。同じ役目ができることが，認識できている子は，次の段階の多人数での遊びの時，片手で足りない時，ごく当たり前

のようにもう一本の手を出します。

イ）手の甲の，どこをつまんでいますか？　どこだと，痛くありませんか？
　　どの位の強さでつまむと，痛くなく，外れもしないでしょうか？　まず，
　　自分の手で体験していると，多人数で遊ぶ時に，自然にそのように，つま
　　むようになるでしょう。

◆２人以上の遊び

　　２人組のように１対１の組み合わせの遊びではなく，①の平行遊びのよう
に，皆が同じ動作をするのですが，ゆるやかにお互いがつながりながら，遊
びます。１人の遊びより，子ども同士の触れ合いや関わりが大きくなります
が，皆が同じことをする遊びで，ルールは難しくありません。

　　触れ合いの中で自然に互いの距離感が近づき，一緒の部屋にいる仲間から，
一人一人の「○○ちゃん」や「□□ちゃん」という名前を呼び合う関係へ変
化していくでしょう。そして，２人組の時に一緒に遊びたい「○○ちゃん」
が見つかるでしょう。

《立体的な身体認知について》

　　本来ならば３歳までに，身体の自己認知ができていなくてはなりません。

　　自分の身体が，頭・胴体（胸・腹の前面と背中・尻の後面）・両手・両足
からできていることを，感覚的に感じて，それが自分である，という認知が
できつつあるはずです。しかし，ほんの数十年の間の，大きな生活環境の変
化，社会環境の変化によって，自然にそれが形成される生活が失われてしま
いました。

　　遊ぶ時間がたっぷりあって，原っぱや川，藪やちょっとした森，などで，
切り傷やかすり傷などを作りながら，走りまわり・飛びまわり・叫びまわり，
家に帰っては，風呂焚き・風呂掃除や重い布団の上げ下げをして，眠りにつ
く。身体の全部を使って，身体の隅々まで動かして，無我夢中になって遊び，
学び，眠り，起きていった，子どもたちの生活。その中で，全ての筋肉が使

われ，頭がフル回転し続け，そのお陰で夜には深い眠りに就き，朝ははっきりと目がさめると共に身体全体が目覚める，本来の人間の姿，子どもの姿があったように思います。

　もともと，人間は群れて生きる動物の仲間です。ライオンやトラの子どもたちの育ちを見るとわかります。まず兄弟が一緒に生まれ，その兄弟同士が，生まれた時から，肌を触れ合っていて，くんずほぐれつしながら遊びまわります。一昔前まで，私たちもそうでした。兄弟姉妹同士で遊び，喧嘩し，意味もなく手を出しては小競り合いをしたり，身体ごとぶつかり合って遊んでいました。手をつなぎ，肌を触れ合うのが，当たり前でした。でも，今それが失われています。一緒にいながら，ごく自然に手をつないだり，肩触れ合ったりに，抵抗のある子が増えています。

　それは，大きな問題を抱え込みました。全身でぶつかり合ったり，肌を触れ合うことがない子どもたちは，自分自身の身体像ができず，自身の存在感が薄いように見えます。身体を動かし，自分の手や足で触れて触って感じて。それだけでなく，身体全体がぶつかることで，**右からの衝撃が内臓を通って左にまで届く，左からの衝撃が内臓を通って右にまで届く，足の裏の衝撃が足から内臓を通り頭まで伝わる。その実感こそ，表面的な薄っぺらい自分でなく，中身の詰まった立体的な自分として感じるのではないでしょうか。**

　大人である私たちは，乳児の時，子どもたちの肌に触れ，慈しみ，彼等の身体像を作ろうとしてきました。自己認知を助けようとしました。でも，それだけでは足りないのではないでしょうか？　子ども同士の触れ合い，ぶつかり合いに依って得る自己認知によって，子どもの自己像は完成されるのではないでしょうか？　中身が詰まった，1人の人間になるのではないでしょうか？

　どうか恐れずに，子ども同士がぶつかり「くんずほぐれつ」遊べるように，助けてあげてください。肌の触れ合いを，恐れない子にしてあげてください。

◆3歳

　乳児の遊ばせ遊びで肌を通して自己認知をしてきた子どもたちが，今度は子ども同士での全身の触れ合いによって内的な自己認知をする時です。身体全体を1つの塊として感じることのできる最後の時期です。この全体の自己像ができてこそ，4歳以降の身体の各部の分離の遊びの面白さ心地良さが生きてきます。

① **オフネガギッチラコ**　3歳　（布の上でぶつかる）

● **実践①**

ア）畳一畳，約90×180㎝，厚手のカーテン生地のような，大布を用意します。大人2人で両端を持って，「舟に乗りませんか？」と誘う。布の真中に縦に座らせます。「揺れるから座ろうね」と伝える。「出帆します」と言って両端を内側に立てて（Uの字型）子どもに添うようにしてから，横に揺らしつつ，唱えます。

イ）初めは少しの揺れで，心地良さを。途中からは，「あら，風が出てきた」で少し揺れを大きくし出し「嵐がきた」で，横に倒れるほどの揺れにする。だんだんと両端の揺れを互い違いにしたりして，不安定な揺れもする。

　　前後左右に揺れて，不安定な揺れになり，子どもたちはぶつかり合ったり，倒れこみそうになって，布の外に手をついたり，叫んだりします。周りにいる子たちも寄ってきて，横から押したりします。

ウ）今度は，だんだん嵐が収まり，風が弱くなり，凪になり，と元の心地良さに戻って「港についたよ，降りてください」と布を平らに戻し，皆をおろす。「次の船が出ます。乗る方はいませんか？」と次の数人を乗せる。

　　同じように出帆→快適→風→嵐→風→凪→港　として終わり。

★　**ポイント①**

ア）親子遊びの時にもできる。親たちが，両脇から押したりする。船頭の2人も親が入れ替わってすると，子どもは喜ぶ。親が様子がわかるまでは，

片方だけ代わった方が良いかもしれない。

イ）布の両端は，途中で手が外れないように，持つ。上から下向きに握り，半回転して持つ。手は両脇につけて締め，座ったまま，または立て膝の上半身の揺れ（体重移動）で布を動かす。手の揺れだと，布の上だけの動きになり，座っている子どもの身体全体が揺れないので，面白くないし，体幹を感じない。

ウ）横揺れの両脇からの押しは，複雑な揺れになり，子ども同士のぶつかりが増えて面白くなる。

エ）身体のぶつかり合いは，激しい動きをうむ。身体の特別大きい子，特別小さい子が乗る時には，よく注意して見ておく必要がある。

オ）子どもたちは，面白がり楽しむ。しかし揺らす大人は，自分が面白がって揺らしてはいけない。子どもが，楽しむ為にしていることを忘れないように。

カ）恐がって，乗らない子が出てくることもあります。そんな時，無理強いはしない。それでも，「横から舟を揺らして」と頼むことで，遊びに参加できる。何回しても，乗らない子がいる時は，「今日の最後は，海に出ずに川下りします。風や嵐がない舟に乗りませんか」と，声かけします。最後にしないと，嵐にも乗る子どもたちが，そこにも乗ってくる可能性があります。充分遊んで堪能した後だと「あなたは海に出ていましたね。両方には乗れないんですよ」などとことわれば，恐がる子が，安心して乗れます。勿論，心地良い早さと小さな揺れでします。でも，2〜3回は，「大きなカーブがきました。つかまってください」とゆっくりと一緒に傾き，一緒に戻りましょう。

② せりせりごんぼ 　3歳　 身体を転がして触れ合う

● 実践②

ア）「今の季節，新ゴボウがおいしいのよ。ゴボウは，土の中に深ーく入っているから土が一杯ついているのよね。どうやって洗うか知ってる？　―

本一本こうやって並べて，ゴロンゴロンと転がして洗うんだって。私が洗うからゴボウになってみる？」と問いかけ，「なるなる」という子がいれば3〜4人並んで寝転ばせ，端の子の手前に座り，腰のあたりを下から回転させるように押しながら歌う。逆からも押す。

イ）床に寝転がり，転がりながら歌う。子どもたちは真似する。転がりながら，誰かとぶつかる。

◆4歳

③　かなへびこ　　4歳

● 　実践③

　様々な色の，織紐を，用意します。大人同士か，大人と子どもとが，両端を持って，蛇のように横にくねらせます。それに触らないように，跳んでいきます。ひたすら，歌い続け，跳び続けます。何本かあれば，紐を動かしたい子どもに，してもらいましょう。いくつもの紐を順に跳んでいく楽しさです。

　紐に触ったら，紐がかりに代わる，などとゲーム化していきましょう。

　＊紐を縦に，くねらす遊びもしましょう。

★ 　ポイント③

　観察力・瞬発力です。拍感とはほとんど関係ありません。歌がなくても遊べます。ただ，歌い続ける中で遊ぶことで，紐の動きも跳ぶ子どもたちも，1つの大きな流れの中で動くことができます。脈絡なく，ただワーワーと騒ぐのとは異なる，出鱈目ではなく，秩序の中の自由な世界の中に包みこまれるように感じます。

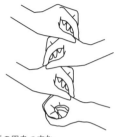

『いたちごっこ』

手の甲をつまむ

★ 『いたちごっこ』

指の付け根の手を握った時に
一番飛び出る骨の上をつまむ

④　いたちごっこ　4歳

■　演習④

　手の甲をつまんで，積み上げていきます。どこをつまみますか？

　様々な人数で，遊んでみましょう。どんなちがいがあるか，体験しておきましょう。何が，面白いのか，探しましょう。

●　実践④

　3歳の「いちばち」で，自分の左右の手で遊んだ子は，ごく自然に最も良いタイミングで手を出してつまむでしょう。

★　ポイント④

　この年齢は様々な力を誇示したい欲求の強い時期です。わかっていながら，わざと痛くつまんだり，外したりすることがあります。キチンと見届けておきましょう。

　「やめなさい」「いけません」は，逆効果です。そのような行為をしている時は，その子の目をしっかりと見ましょう。「言わなくても，わかるよね」です。

　手加減がわからない子もいます。そのような子には，「随分しっかりつまんだのね。赤くなっているよ」と事実を言いましょう。だんだんわかっていくでしょう。

⑤　せっくんぼ

『せっくんぼ』3歳児　　　　　　『せっくんぼ』4歳児　　　　　　『せっくんぼ』5歳児

背中合わせ

● 　実践⑤

a　3歳　横押しのおしくらまんじゅう

　「座ろう」，子どもの横に座って，上半身で押し合いっこをする。2人組で先ず遊ぼう。慣れたら，3人の横並びでも遊んでみよう。

b　4歳

　「今日はちょっと寒くなったね。暖まろうか」と足を出して座る。子どもが座ったら背中を合わせるように座り直して，「せっくんぼ」と歌いだして，背中同士でのシーソー遊びを始める。始めれば，他の子も様子がわかり，背中を寄せてきたり子ども同士で始めたりする。男の子などは，乱暴に仕出す可能性があるが，それが楽しかったりする。身体が大きくて強い子などは「私としよう」と大人が相手をして，しっかり**背中に背中を乗せて腰から曲げる運動**をする。

c　5歳

　5～8人程度で丸く背中合わせに，座る。歌いだして背中押しをする。子ども同士でも，充分楽しめる。少し乱暴に感じるくらいでも5歳児なら大丈夫。逆に，少し強くすることで，その面白さは増します。そして，その体全体のぶつかり合いを通して，子どもたちは自分自身の身体を風船のように軽

いものでなく，中身の詰まった重さのある存在として感じることができるでしょう。

★　ポイント⑤

a　速く歌うと，ただ乱暴なだけの動きになる。ゆったりとした速さで，上半身をしっかりと背中に乗せる。また，屈伸する時は，しっかりと腰から曲げる。

b　手と手を組むのは，自分の身体をコントロールできない子ども同士は危ない。何の支えもないので，背中が互いにずれたり，外れて仰向けになったり，様々な失敗があるでしょうが，だんだんに上手になるでしょう。屈伸の繰り返しの心地良さを体験できるように，いつもいつも歌い続ける。

c　幼児時代の，このぶつかり合いを通して，子どもたちは「命」の実体を感じることができるのでしょう。その「命」を感じてこそ，自分の存在を実感し自分を大切に思うことができ，だからこそ相手の存在の大切さも想像することができるのでしょう。

2　第二段階　◆2人組　◆3人組（釜おくり）

◆2人組

＊子どもたちの大好きな遊びです。今までの「保護してくれる人と保護される私」という「1対1」の関係から「あなたと私」という「対等な1

2人組『たけんこがはえた』

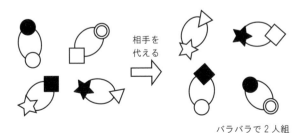

バラバラで2人組

対1」の，関係への移行，社会的自立の第一歩です。

＊と同時に，二重輪，釜おくり，２人歩き，門くぐり，勝負，隊伍（一部）等の遊びへつながる，基本的な大事な遊びです。時間をかけて，たっぷりと遊び，２人組の楽しさを満喫できるようにしてあげてください。

① たけんこがはえた　手の横振り

大人同士で，遊んでみましょう。

■ 演習①－1

ア）２人組になって，遊んでみましょう。お互いに見てみましょう。どこが，動いていますか？　どんな遊びでしょう。

イ）「速く」「普通」「ゆっくり」と３種類の速さで遊んでみましょう。

何が変わりますか？　どの速さが，手を一本に感じられますか？

ウ）「ぶらんこぶらんこサルがえり」では，どんな風にしたいですか？

★ ポイント①－1

ア）**手の脱力。手は上腕・前腕・掌の３つの部分からできています。その３つ，肩から指先までが１つのものとして，楽に自然に揺れるように動く。**

イ）速すぎず，遅すぎず。一本のしなやかな竹のように大きく振ることが大切です。竹林を見に行くのは良いですね。風に揺れる竹のしなやかな感じを自分の身体に感じながら，手を振りましょう。

ウ）「このこ」と同じ遊びですが，「たけんこ」は少しちがいます。

前半は「たけんこがはえた」と ⌐ ⌐ ⌐ ｜ と同じリズムの繰り返しですが，後半の「ぶらんこブランコ」のリズムは，♪ ｜　　♪ というシンコペーションのリズムの繰り返しで，「らーん」が強調されています。一瞬，「ぶらんこ」を強くこいで一番高くふわっと上がり，弧を描いて降りてくる感覚を覚えます。

そのつながりから「さるがえり」も，なにか「くるり」とまわる感じがあります。子どもとする時，「り」の時自然にくるりとまわしてあげることが

よくあります。

　また，ばらばらになって，次々に相手を代わって遊ぶ時など，ふわりとまわりながら（たんぽぽの綿毛になったように）飛んでいったりします。

■　演習①－2

　2人組の遊びで工夫がいるのは，子どもの人数が奇数の時？　偶数の時？　クラスの人数が偶数の時は，どうモデルを見せて，どう始めますか？　クラスの人数が奇数の時は，どうモデルを見せて，どう始めますか？　大人で遊ぶ時，皆で，アイデアを出し合いましょう。

★　ポイント①－2

　良いアイデアは見つかりましたか？　何を中心に，考えたらよいのでしょう？

ア）初めにモデルを見せる時は，偶数であろうと奇数であろうと，同じですよね。モデルですから，基本の形をきちんと見せます。2人組での遊びです。

イ）遊びの途中は，全員がするとは限りません。したそうなのに，相手がいない子がいたら，大人が相手をしましょう。何人もいたら，少しずつ相手をすれば良いですよね。待っているのがつまらなくなったり，遊び方がわかったりしたら，自然に友達と遊びだします。待ちましょう。もちろん，その子の特性や様子によっては，「誰かとしたら？」と声かけをしてあげるのも良いでしょう。

ウ）決して「○○ちゃん，一緒にしてあげて」とは言いません。なぜ？
　わらべうたで育つ，大切な力，「自発性」が失われるからです。
　「誰かと」これは，その子自身が選び，決断する大切なことです。ですから，初めは好きな子，から初めて良いのです。それが満足すれば，その次に，「色んな子ともできる」です。

エ）子どもが奇数の時は，初め大人が加わって偶数で遊びましょう。偶数の

時にも，時には入って，奇数にしましょう。

　大人は，途中で自然に半端の１人になりましょう。そして楽しそうに，透明人間と２人組を作り，遊びます。子どもはちゃんと見ています。半端になったって皆と一緒に声を合わせ同じ動作をすることは，楽しいのです。基本は２人。でも１人だって楽しくできる。

　それに，次の時には今度は２人組になれます。もちろん，続けて１人になる時もあります。そんな時は「えーまたー」とくやしがります。子どもは大喜びです。でもやっぱり楽しく１人でもっと楽しそうに遊びます。次には大抵，誰かが手をつないでくれます。子どもによっては，それを見ていて，わざと１人でする子も出てきます。「ルールを知る・守ると柔軟性」大切な，わらべうたの力です。

オ）物事には，基本やルールがあります。それに従いそれを目指すのが大切です。でもそれができない時，やめるのでなく，できることを自分なりにしておくこと。これは，生きることそのもの。生きる力です。

★３歳児

● 実践①－１

　２人組の始まり。どうやって始めますか？

　１人の子の前に行って手をさしだし，遊びだします。数回したら，そのまま次の子どもと手をつなぎ数回遊び，次の子にと歌い遊び続けます。

★ ポイント①－１

　できるだけ，何も言わずに遊び続けましょう。初めての時，特に３歳児は，先生と２人組になるのがうれしいでしょう。もし，子どもたちがそれを望むのなら，それをまず叶えてあげましょう。今の親は，昔のように生活の仕事は電化で簡単になりましたが，外での共働きがほとんどになり，子どもと共に過ごす時間は減ってきています。兄弟姉妹も減ってきて，社会的関係（３人以上）より２人などの比較の対象，上下関係に陥りやすく，かえって１対

1での親密な触れ合いが少ない時代です。まず，ここで群れる楽しさを体験しましょう。先生との楽しさを体験した子は，必ず好きな子，仲の良い子と始めます。

● **実践①－2**

2回目の遊びです。どう始めますか？　2人組は，どんな風に作りますか？

ア）この前の「たけんこ」遊ぼう！　好きな子と2人組になって。2人組作って。

イ）この前「たけんこ」遊んだよね。覚えてる？　どうするんだったかな？そう，2人組だったよね。じゃ，2人組になろう。

ウ）前と同じように，いきなり1人の子と遊びだす。

★　**ポイント①－2**

わらべうたが，どう遊ばれていたか，思い出しましょう。

ア）もイ）も先生ですね。大人ですね。初めの遊びだしから，きちんと皆が2人組になって，一斉に始めたい。始める前に思い出せば，遅れる子もなく，皆と一緒に始められる。それが平等！　平等？　何でも良く覚える子もいれば，すぐ忘れる子もいます。忘れていた子は，出発点で差をつけられて，あたふたします。それが，重なっていくと，いつも答える子，いつも答えない子が固定してきます。答えなかった子は，いつも誰かが答えるのを待つ子になります。

ウ）一回目と同じように，遊びだしたら全ての子が，思い出せます。早い子は，隣の友達，好きな子，と遊び始めるかもしれません。先生としたくて寄ってくる子もいるかもしれません。イ）のように，言葉では説明できなくても，身体が覚えている子は，多いでしょう。**3歳児に大切なことは，そこです。言葉よりも，身体で感じて動き，繰り返し，その快感と喜びを全身で感じることです。**頭で考えるより先に，身体が直接感知して，自由

に動く柔軟さ。３歳児には，復習や解説は，必要ありません。ひたすら，全身全霊で身体を動かし遊ぶ！

エ）初回と同じように，１人の子と遊びだす。子どもたちが自然に遊びだすまで。初めは，好きな子と組めるように，ばらばらの２人組で遊び始めましょう。30回以上遊んで楽しくできたら，「だれかと代わりましょう」と声をかけて，新しい２人組で遊びます。数回したらまた「代わりましょう」と声かけして代わる。

オ）代わる時も，歌は歌い続けて止まりません。そうすると，選ぶ暇なく，近くの子と組んで遊びます。溢れた子たちも，何回か歌う間に相手を探して組になります。組ができた子から，遊びだせば良いのです。

● 実践①－３

　３回目の遊びの時には，子どもたちは好きな子と組んで始めるでしょう。２人組ができない子がいたら，大人はその子と組みましょう。数回したら，次の１人の子と組みましょう。子どもたちが，充分好きな子と遊んだ後には，「ちがう人と，組もう」と声かけをしてみましょう。４回目。子どもたちが好きな子との遊びが充分満足できた頃合で，声かけをして数回ずつで他の子と代わっていきます。そうやって，少しずつ色々な人と組んで遊ぶようにしていきましょう。

★ ポイント①－３

　決して強制したり，大人が組み合わせを作ったりしては，いけません。３歳児は，自由参加。好きな子どもと充分遊んだ子は，この遊びの面白さを充分知っているのですから，他の子とも良く遊べるようになります。

　いつも１人の子は，初めは大人が相手をしても，その内に皆が交代する時に，一緒に他の子に代わりましょう。どんどん相手を代わるようになると，自然に誰かが相手を探して組んでくれるようになります。

★4歳児

　身体機能の多様な遊びができます。ギャングエイジです。この年齢は，子どもとの戦いです。様々な力はついてきますし，面白いことをどんどん思いつきます。特に男の子の後半は急速な身体の成長で，少し不安定になり落ち着かない子が多く出てきます。

　すべきこと，してはいけないこと，今は何が目的か，どうすべきか，端的に言葉によって表明しましょう。最も餓鬼大将としての力が試される時です。

　３歳児が，手や足などの，一本化の意識だったのに対し，４歳児は関節の意識化です。

・「舟こぎ」「背中のせ」の腰の屈曲
・「尻這い」「立ち座りシーソー」の足の屈伸
・「なべなべ」「これのこんぐりどは」の手の助けによる全身の裏返し
・「手あわせ」による手の多様な動き

などです。

　　『ムギツキコッテンショ』　　　　　　　　　『こめつけ　あわつけ』

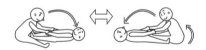 

②　ムギツキコッテンショ　舟こぎ

■　演習②

　２人組で足を伸ばして座り，手をつなぎ，互いに屈曲しながら，遊びます。どんな風に？

　　ア　たっぷりと背中が床につくように，ゆったり遊ぶ
　　イ　背中は斜めくらいで，速めに遊ぶ

★　ポイント②

ア）屈曲の動きは，特に注意深くありたいものです。楽しい遊びなので，つ

いつい速くなり勝ちです。そして，腰の屈曲ではなく，手の屈伸の運動になってしまいます。

イ）だからといって，「腰から曲げるのよ」などとは言いません。なぜなら，その「腰」を感覚的に認知するための，遊びですから。声をかけるなら，「背中は，床についている？」と聞きましょう。全身の力を抜いて，寝転ぶつもりで，全身を伸ばすと，相手も力が抜けて自然に腰から良く曲がります。

ウ）川下りから海に出て，ちょっと一休み。「船の中で寝転んでゆっくりしようか」などと，声かけして寝転び「雲がいっぱい，かもめが飛んできた」など，色々と皆で何が見えるかなど話します。そうやってから「そろそろ帰りましょう」とすると，脱力しやすいようです。

エ）もちろん，舟こぎですから想像豊かに遊ぶ時も，持ちましょう。その時は急流で速くしたり，大きな流れですごく力を入れてゆっくり漕いだり，となりきって遊び，全身を使って色々な漕ぎ方をしましょう。それらしく漕いでいる子たちには「〇〇君たち，色んな漕ぎ方ができるね」などと，声をかけるのも良いですね。その後，「やっと，なだらかな所に来たね。ゆっくり漕げる」などと，基本のテンポで脱力して漕ぎ終わりましょう。

③　なべなべ　④　これのこんぐりどは　上半身から全身の裏返し

■　演習③④

どちらも，両手の振りを使って上半身から裏返しになる遊びです。

この遊びで，いつもそのひっくり返るタイミングが合わず，もたもたすることがよくあります。どちらが，しやすいですか？

　ア　かえりましょう　なおした　で返る
　イ　しょう　　　　　た　　　で返る

★　ポイント③④

　2拍を使ってまわろうとすると，手の上げ方でごちゃごちゃすることが，

よくあります。大切なことは，その前の手の振りを頭の上に来るくらい左右に振っておくことです。大きく勢いをもって手を振ると，手は肩から手先までが1つになって，振り子のように動きます。そうすると，自然に身体全体が手の動きにつられて柔らかくなり，上げた手の方に身体が向きます。最後の「しょう」や「た」のところで，手の振りを上まで持っていくと，身体はつられてもぐるような動きになります。その勢いで手をしっかり大きくまわせば「あっ」という間に裏返しです。（3歳児で脱力ができていたら，この動きは楽ですね）

★5歳児

4歳児の時と同じ遊びが半分です。より脱力して無駄のない動きで楽しみましょう。

・「舟こぎ」「背中のせ」の腰の屈曲
・「立ち座りシーソー」の足の屈伸
・「臼挽き」の手回し
・「手あわせ」による手の多様な動き
・「にらめっこ」の表情の多様さ

⑤　こめつけあわつけ　背中のせ

■　演習⑤

2人組で背中合わせになって座り，交互に背中にのせます。
2人の背中はどうなっていますか。

　　ア　腰から上がついている　　　　　　イ　お尻から上がついている

★　ポイント⑤

背中をつけるだけでは，互いにズルズルとずれていきます。
お互いがお尻から上半身を，真っ直ぐにまずつけてから，始めましょう。
初めは少しずつ，だんだんしっかりと相手に身体を預けるようにしましょ

う。

⑥ キッコーマイコー　臼挽き

■ 演習⑥

両手をつないで座り，臼をひくようにまわす。

臼を知っていますか？　石でできています。とても重く大きい石を重ねてその間で蕎麦や豆などを擂って粉にします。舟漕ぎとちがうのは，手を真っ直ぐでなく円を描くように，交互に自分の方にひっぱります。どちらが，臼挽きの感じがしますか？

　ア　手だけで，まわす　　　　　イ　上半身も使ってまわす

★ ポイント⑥

手だけで円を描くようにまわすのは難しいです。といっても，舟こぎのように，すっかり上半身が曲がってしまってもできません。

舟漕ぎのように，腰から前にいきながら手を前に押し，上半身を少し後ろにひきながら手をひきます。ちょっとギクシャクした動きが，臼挽きのようになります。

⑦ 十日夜　地固め

● 実践⑦

ア）十日夜の行事では，わらでっぽうや，縄でつないだ石で，地固めをする刈上げ行事があるそうです。実際にそのようにできる所では，歌いながらすると楽しいでしょう。

イ）ただ，室内でそれらしく遊んでみるのも楽しいので，それを紹介します。円になって，隣同士で左右に向き合い2人で手をつなぎます。内側の足から，中に向かって地を踏むように一歩踏み出し，次に外の足を揃えます。内側の足一歩，外側の足を揃え，と4回内側に向かい，今度は外に向かって外側の足一歩，内側の足揃えを4回，と繰り返して遊びます。

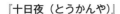

『十日夜（とうかんや)』

とう　かん　や，　とう　かん　や，

とう　かん　や　の　から　でっ　ぼう，

ゆう　めし　くって，　ぶっ　た　た　け，

ひる　だん　ご　くって，　ぶっ　た　た　け，

『十日夜』

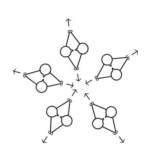

ウ）但し，私が最初に知った「十日夜」はコダーイ芸術教育研究所編の音楽
　教科書１年生からで，上記の楽譜でした。この歌では丁度前進後進前進後
　進で，終わりになります。⑥の本の歌では，１番だけでは，中に入って終
　わります。２番まで続けると元に戻ります。「わらべうた」は，こんな風
　に地域によって，少しずつ言葉や音がちがってきます。それが，わらべう
　たの豊かさでもあります。自分の出会った歌で，遊んで良いと思います。

◆釜おくり（３人組の遊び）

『まめがら』３歳

バラバラで３人組

中の人が入れ替わる

① 　まめがら　　3歳

■ 　演習①

　２人の釜の中に，お豆になった子が中に入って遊びます。３歳児になった
つもりで，３人組になって，遊んでみましょう。手をつないだ２人は，中の

人をどんな風に揺らしますか？　両方試してみましょう。
　　ア　手を大きく振って揺らす
　　イ　手は振らないで重心移動で身体を揺らす

★　**ポイント①**

ア）２人組の手振りと似ていますが，３人が一緒に心地良く揺れる遊びで，
　　手は振りません。乳児の重心移動の横揺れ遊び「かごかご」を思い出しま
　　しょう。釜になる２人は手は固定し，中のお豆の子はヤジロベーのように
　　両手を２人の上に伸ばして，３人が一緒に重心移動で揺れます。（足が少
　　し上がるくらい）
イ）豆役の子の手が釜の中にあると，背の低い子や，外の２人の速さについ
　　ていけない時など，首に手がひっかかる危険な体勢になる可能性がありま
　　す。豆役の子の手が，釜役のつないだ手の上に出ていれば，釜役２人の動
　　きに連動しやすく，また手を閉じてストップをかけることもできます。豆
　　役の子の手は，釜役のつないだ手の上に出す習慣をつけましょう。
ウ）最後の「まわれ」の「れ」の所で，釜の２人は足と一緒に手も高く上げ
　　て，豆役を送り出します。その反動を使って，次の拍では逆の手を高く上
　　げ，次の豆役を迎えいれます。

●　**実践①**

ア）初めての，釜おくりの遊びです。３人での遊び，どう声かけしますか？
　　「今日はお豆をいろうかな」と，２人組を作り，「お豆になる人いる？」と
　　声かけ。子どもが来たら「どうぞ」と片方を上げて中に入れ，入った子の
　　手の下でつなぎ直すか「ヤジロベーになって」と言う。乳児の時に充分に
　　「ヤジロベー歩き」をしている子にはごく簡単なことです。経験のない子
　　には，「ヤジロベーになって」と言いながら，大人が手足を広げて揺れる
　　見本を見せましょう。言葉と動作を，同時に見せることで，端的に子ども
　　の理解を助けます。

イ）少し遊んだら，「中の豆と外のお鍋と代わろうか」で１人代わる。少し
したら「まだ，お豆してない人が，中に入ろう」と最後の１人が豆になっ
て遊ぶ。３人が全員お豆になって，終わり。

②　おらうちの　4歳　３人組での重心移動の揺れとかぼちゃの移動

■　演習②

　声かけや動作などは，どんな風に始めますか？　３人組になって色々やっ
てみましょう。その後，それぞれのやり方，なぜそれを選んだか，などを発
表しましょう。一番シンプルな方法を，皆で共有しましょう。

●　実践②－１

ア）３歳の時に「ボール転がし」で遊んだ子たちは，歌を知っているでしょ
う。４歳児ですから，全て見せるのでなく，半分は知っている言葉の助け
を借りましょう。「３人組で釜とかぼちゃになろう」と，１人の子と手を
つなぎ，片方の手を上げて中に入れるようにする。誰か中に入ったら，手
を下ろし，中の子が両手足を広げているか，つないだ手の上に手が出てい
るか，確認しましょう。わすれていたら「ヤジロベーは？」と声かけしま
しょう。

イ）「くわれない」の「い」で，一方の手を高く上げ，もう一方の手で押し
出す。その反動で，今度は押し出した手を高く上げて，次の人を待つ。押
し出された子は，好きな所に行って，中に入る。

●　実践②－２

ア）二重輪の遊びを幾つかよく遊び，実践①のイ）で自由に遊べるようにな
ったクラスなら，円になって右送りで遊んでみましょう。中のかぼちゃを，
右送りで送り出すには，手はどちらから振るのでしょう？

イ）一周したら，外側の人が中に入る。一周したら，内側の人が中に入る。
３周して，全員が豆役がすんで，終わりです。

ア）次の「じごくごくらく」を参照する。

『じごくごくらく』5歳

中の人は内向きに立つ。手を外に出す

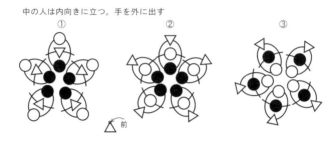

①　②　③

③　じごくごくらく　5歳　3人組での重心移動の揺れと円移動

● 実践③

ア）内側の釜と外側の釜と逆になるので，2人組の二重輪よりは，難しい遊びです。

イ）声かけや動作など，どんな風に始めますか？　4歳児と，何がちがいますか？

ウ）中の豆の子が，スムーズに左まわりで進むには，どんな点が大事ですか？

★　ポイント③

ア）円では，かぼちゃ役は内側を向くと円歩きと同じ動きになり，危なくないです。

イ）「釜おくりの遊びするので，3人組になって円になろう」と言って，子ども同士作るのを待つ。5歳児になったら，ある程度は言葉の指示で，わかるようにしましょう。5歳前半だったら，「3人組になろう」「円になろう」と4歳の時のように，2段階に分けて，言っても良いが，後半では2つを同時に言われて，その遊びが想像できるように，なってほしいですね。その為には，言葉が身体の感覚や動きとつながって残るくらい，3・4歳

の時繰り返し繰り返し，しっかりと遊びこむことが大切です。

ウ）始まりを右送りの方から手を振りだすと（外の輪は右手・中の輪は左手）「とんでいけ」の「とんで」の所でかぼちゃを右に押し出し，返す手を高く上げて「いけ」で左からくるかぼちゃを入れ，そのまま右に揺らすことができます。

3　第三段階　◆二重輪　◆一重輪

◆二重輪

ア）今まで，その時その時２人組を作って遊んでいたものを，円になって外の輪と内の輪になり，外の輪の人だけが基本まわりで進んでいって，内の輪の人全員と遊び，元に戻る遊びです。元に戻ると，外の輪と内の輪と，交代します。

イ）外の輪の人は，自分が動いて次の人，次の人と組みます。でも今度，内の輪になったら，自分はいつも同じ所にとどまっていて，次々にちがう人が来ます。

ウ）そして，その人たちはさっき一度会った人たち。でも巻き戻しのように，順序は逆になっていきます。そして，元の始まりの相手に戻って，終わり。

『にぎりぱっちり』

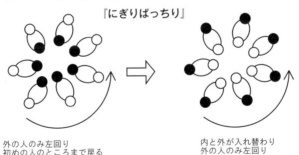

外の人のみ左回り
初めの人のところまで戻る

内と外が入れ替わり
外の人のみ左回り

①　にぎりぱっちり　4歳

■　演習①－1

二重輪になるには，どんな言葉かけをして，どんな風に動きますか？

ア）「ジャンケンして。勝ち組みの輪を作ります。負け組みは，その外に輪

を作ってください」

イ）「二重輪を作りましょう。中の人半分外の人半分」

ウ）2人組で遊んでから，「2人組の円を作ろう」と，大人の2人組が内
　　（子ども）と外（大人）になって，待つ。

★　ポイント①－1

　どれも，可能です。

　ア）・イ）は二重輪ができてから，「中の人は外を向いて，前の人と手つな
いで」と言う必要があります。大人も入っていれば，何も言わず，見せるこ
ともできます。ただ5歳児なら，わかるでしょうが，4歳児前半では手間取
るでしょうし，2人組が基本であることが，わかりにくいでしょう。

　ウ）は2人組が基本です。2人組で遊んだ後「私は外側，○○ちゃんは内
側で丸くなろう」と外側の輪の位置に立って，2人組のまま輪ができるよう
に待つ。「外側になりたい人？」と手を上げさせるのも良い。内側の人が，
背中合わせに丸くなるのは，わかりにくい。積極的な子が手を上げやすいし，
その子が外側になって丸く並ぶのを，誘導する方が，易しい。

■　演習①－2

　二重輪ができました。さて，外の輪の人は遊び終わったら，どっちにずれ
ますか？

　ア）右にずれる

　イ）左にずれる

　両方，やってみましょう。

★　ポイント①－2

　どちらも間違いではありません。どちらがしやすいかは，利き手にもより
ますし，その人の癖もあります。でもそれぞれが，好きな方にと自由にして
いたら，一緒にずれていく心地良さ，初めの友達に戻ってくる面白さも嬉し

さもありません。それで，円の形で動く時は基本まわりを決めておきます。右手の方向にまわる左まわりです。

　これは，様々な遊びでの円の動き（しぐさ・歩き・役交代・門くぐり・隊伍）の，基本となります。2つの動きがある時は，基本になる方（先に歌いだす・動きだすまたは同時に動く時は大きい方の集団）が，基本まわりで，もう一方は逆まわりになります。それで，大人である私たちは，自然に右手の方に進む左まわりを繰り返して，身につけておきましょう。

● **実践①**

ア）3歳で，2人組でした遊び。たっぷりと「ぴー，ぴぴぴぴぴーぴぴ」などと，鳴き声でのおしゃべりをしたでしょうか？　してなかったら，やってみましょう。

イ）二重輪で，良い速さで，隣に隣に，と移っていく心地良さを，いっぱい味わったあとに，教師が入り，「ひよこ」でしゃがんで，「ぴ？　ぴぴぴぴ！　ぴーぴーぴー」などと，言葉をしゃべるつもりで鳴きます。子どもが答えれば，少し続けてから，次に移り「にぎりぱっちり」と歌いだします。そうやって，色々おしゃべりごっこするのも，子どもは大好きです。

ウ）二重輪の，良い速さで心地良く遊んだあとには，4歳児ならば，様々な動物遊びも楽しめます。「ひよこ」のところで，「いぬさん」「ネコさん」「きつね」等。名前を呼んで，今度は「ワンワン，うー」などとその鳴き声でおしゃべりです。

★ **ポイント①**

ア）「ひよこ」は［　　　］というリズムで3音です。3音の動物の名前を書き出し，鳴き声や仕草も考えて，子どもたちと楽しみましょう。蛇も「にょろにょろ」などと，手をくねらせたり，子どもは寝そべって実演したりして遊んでいました。

イ）子どもが，リズムに合わない動物の名前を出してきた時も，レドラ，の

音の中で，早口言葉のようにして，歌ってあげましょう。その早口言葉を面白がり，より活き活きと遊びます。

ウ）動物言葉でしゃべる子どもたちは，自然にその動物を思い出しますので，高い声や低い声，大きい声や小さい声，速く歌ったり，遅く歌ったり，たっぷり歌ったりします。これこそ，音楽の出発点です！　動物に合った表現をしている時は，充分にさせましょう。

エ）イメージとちがう時は，「え　象さんて，そんなに速く歩く？」とか「小鳥は，もっと綺麗な声よね」とか「小鳥だって，汚い声いるよ」「どんな鳥？」とか会話が弾むのも良いですよね。

オ）４歳なら，その後辞典などを一緒に調べても良いですし，鳴き声をインターネットで探して，聞かせてあげるのも良いですね。興味のある子は，他の子たちの良い教師です。そんな子にはどんどん手助けして，その子が活き活きと遊ぶきっかけとしましょう。子どもにとって，最高の教師は仲間ですから！

◆一重輪

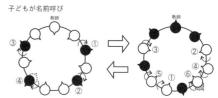

『なべなべ』３歳　　　　　　　　　　　　　　　　『なべなべ』４歳

① なべなべ

a ３歳

● 実践①－１

ア）両手を出して円になり，手を振りながら歌い，「かえりましょ」の「しょ」で跳んで外向きになる。外向きで手を振って内向き，と繰り返す。大人が，何も言わず，歌い跳んでまわってすれば，子どもたちは真似します。勿論，跳んで方向転換する時は一瞬手を離し，すぐまた手をつなぎます。

イ）ア）の遊びを充分して，どの子も上手に跳び方向転換できたら，次の段
　階。歌いながら手を振り，「返りましょ」の所で大人が名を歌い，呼ばれ
　た子がひっくり返る。全員が裏返ったら，最後に「皆さん」で全員内向き
　に返る。
ウ）すぐ，歌いだして繰り返す。一回で終わらず，繰り返すことで，心地良
　い拍の感覚がついていく。（4歳での，子ども同士の名前呼びの感覚を知
　っていく）途切れることのない，繰り返しの心地良さ。

★　ポイント①－1

イ）これも，ア）の全員で跳んで内向き・外向きにする遊びを，充分したク
　ラスなら，変化の前に説明することなく，名前を呼ぶ子の目をしっかり見
　て，言えば戸惑いながらも，1人ずつ跳んでいきます。何も言わずとも，
　最後には，誰かが「先生」と呼んでくれます。誰も気付かなかったら？名
　前の所で黙れば，誰かが気付きます。それで，私も外向きになって全員が
　ひっくり返り，次に「皆さん」で私が跳んで内向きになれば，皆が内向き
　に戻ります。勿論気がつかない子もいますが，続けて歌い外向きになって
　いる子の名前を呼んでいる内に，気がついて内向きになります。次の時に
　は，みんなと一緒に元に（内向き）戻ります。
ウ）子どもにとっては，先生から名前を呼ばれるのは，大好きです。

b　4歳

● **実践①－2**

　2人組でひっくり返る。2回目で元に戻る。相手を代え数回に一回→毎回
相手を代えて遊ぶ。

● **実践①－3**

ア）大人が皆の名を呼ぶ遊びを何回かして（3歳の実践参照），慣れたら子
　ども同士が呼ぶ遊びに移る。「今日は，皆が次々に友達の名前を呼んでい
　きましょう」と説明してから，「誰を呼ぶかな？」とちょっと考える時間

をとり「決めた？」と聞いて半分以上が決まった様子になったら歌いだし，初めの子を呼びます。呼ばれた子が，ひっくり返り次の子の名を歌い，その子がひっくり返って名前を歌う。慣れるまでは，全員外向きになったら，最後に大人が「皆さん」で全員内向きに戻る。

イ）なれてきたら全員が外向きになった所で，大人がまた名前を呼び，今度は１人ずつ内向きになっていく。人数が少ない時には楽しいが，多すぎると待てない。外向きで終わるか，内向きまでするか，良い頃合を見つけよう。どちらにしても，全員が同じ向きになったところで，やめる。これが原則。

ウ）心地良さと，緊張感と両方ある遊びなので，子どもの様子をみながら，１回で終わるか続けるかを決めよう。頑張りすぎると，次に負担を感じる子も出てくる。どんな子も（恥ずかしがりや・内気・消極的），自分の名を呼ばれるのはうれしい。負担を感じる子こそ，参加してほしいですね！あせらず，徐々に回数を増やしていきましょう。

★　ポイント①－２

ア）名前が出ない子や，言い間違える子，もうひっくり返っている子の名を言ってしまったり，色々出てくるでしょう。そんな時，いちいち止まったりやめたりはしません。ずっと「なべなべそこぬけ，そこがぬけたら……なべなべ～」と「かえりましょ」はハミングか手だけ振り，「なべなべ～」と続けます。その子が思いついて歌えるまで，歌いながら待てば良いのです。間違えても，次の時に，歌い直せば良いのです。大人が，色々アドヴァイスしなくても，子どもたちが，「もう，ひっくり返っているよ」とか「～ちゃんにしたら」などと言いだします。ですから，ゆったりとした心で「なべなべ～」と歌い続けてあげましょう。大人が，ゆったりと歌いながら手を振って待っていれば，いつも歌い続けるのに慣れている子どもたちは，歌って手を振りその子が歌うのを待ってくれます。

　大人が言葉で助けることは，子どもによってはせかせることにもなりかねません。「それが当たり前」のように繰り返しながら，歌い続けましょ

う。誰もがスルーすることなく，スルーさせられることなく，参加するの
が当たり前ということに慣れるまで，しっかりと遊びましょう。

『なべなべ』5歳

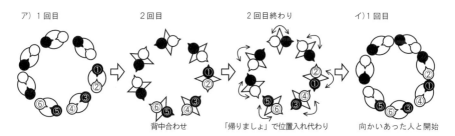

ア）1回目　　　　　2回目　　　　　　　2回目終わり　　　　　　　イ）1回目

背中合わせ　　　「帰りましょ」で位置入れ代わり　　向かいあった人と開始

c　5歳

＊たんじたんじを遊んだ後だと，わかりやすい。

● **実践①－4**

ア）一重輪を作る。隣同士が円状で向かい合って，2人組を作る。1回目，
　2人組でしたようにひっくり返って，背中合わせになる。2回目は，背中
　合わせのまま反転して逆向きになる。（初めと同じ向きになる）

イ）向かい合った前の人と組んで，1回目・2回目。向かい合った前の人と
　組んで～と初めの方向にずっと進んでいく。初めの人と出会ったら，終わ
　り。

★　**ポイント①－3**

ア）2人組を作った時，「どっち向いてる」と聞くのも良い。「いつもそっち
　向きに進みますよ」と伝えるのも良い。ただ，感覚的に顔や身体が向いて
　いる方向に進むことが身についている子は，自然にそちらに進みます。円
　の方向転換など，身体全体が常に進行方向に向く歩きができていると，言
　葉は必要ないです。

イ）この遊びは，見えない円を身体で感じる力も必要です。わらべうたで二
　重輪や役交代，隊伍の遊びなどをいっぱいした子たちには，易しい遊びで
　すが，遊びが少なく，円の形が身体で感じられない子たちには，難しいよ

うで，楽しさや面白さが感じられないようです。子どもの状態を見極めて，取り入れましょう。

『たんじたんじ』

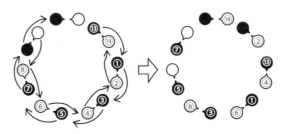

② たんじたんじ 手あわせと握手

■ 演習②

一重輪の２人組どうやって作るのが，わかりやすいでしょう？

ア 一重円を作り，そのまま隣の人（右の人か左の人）と２人組を作る

イ ２人組になって「円になろう」と立つ

一重輪の中では，握手によって自然に前に進むことができ，一番わかりやすい遊びですが，二重輪とちがい自分がどっちにいくのかが，わかりにくい遊びです。大人の中で何が難しいかを体験して，工夫してみましょう。

★ ポイント②－１

５歳児ですから，動きで示すことと，言葉で示すことと，どちらが適切か，色々なパターンを出し合って，最もシンプルな動きと言葉を捜しましょう。

● 実践②

両手を開いて出し，内向きの円を作る。できたら，隣の人と２人組になる。

★ ポイント②－２

これも，２人組が基本です。ただ，二重輪とちがって，一重輪の難しさは，進行方向です。その点から，まず円を作り隣と手をつなぐ方が，自分の進行

方向を確認できます。それでも，結構混乱します。そんな時は，中を向いてから2人組になり，どっちを向いているか，確認させましょう。

　この遊びで，進行方向が，わかるようになってから，回転の入る，「なみなみ」や「おおなみ」「一重輪のなべなべ」をした方が，混乱しません。

《二重輪・一重輪の世界》

　（理論編　第2章　4　「聞こえない音楽」を見せてくれる「わらべうた」を参照）

　この遊びは，円を一周して元に戻る，という遊びです。勿論，元に戻るとは，同じ人に再び会うのです。でも，初めに会った2人と，様々な人と出会って別れてを繰り返してきた後の2人は，初めの2人とは変わっています。手の振り方一つで，背の高さ，手の長さ，掌の大きさ，温かさや冷たさ，脱力している人，力を入れている人，振り幅の大きい人，小さい人，様々です。そんな微妙なちがいを，身体で感じてきた後に出会った2人は，お互いに何かが変わっているのです。子どもたちが遊んでいた時，一瞬，何かがちがっていたのです。すぐ，いつもの○○ちゃんに戻るのですが。

　その謎が，とけました。中世ヨーロッパの人たちは，音楽には3つの世界があると考えたのです。1つは「宇宙の音楽」そして「人間の音楽」この2つは聴こえない音楽だそうです。そして最後が「楽器の音楽」私たちが音楽と呼んでいる，音の聴こえる音楽です。

　「宇宙の音楽」元の同じ地点に戻ってくるのに，前と変わっていくもの。何を思い出しますか？　銀河系。規則正しく，繰り返される星たちの動き。それは音楽なのです。そして，子どもたちは「わらべうた」を遊んだ時，その宇宙の巡りを感じたのでしょう。命の源である宇宙の巡りの中に，スポッと入り込み，スポッと戻ってきたのでしょう。生まれてまだ年月の経たない子どもたちは宇宙を感じたのでしょう。

　365日過ぎれば，お正月。誕生日も毎年巡ってきます。でも，それは毎年毎年新しい年であり，新しい年齢です。そうやって，人々は生まれて，生き

て，亡くなってきました。それを繰り返して，人類は生き継いできて，今，私たち，私がここにいます。その不思議さ，厳粛さを，子どもたちは一番深い命の源で体感するのです。二重輪の場合は，一周したら，内と外を代わります。そうすると，送り出す者と，送り出される者が，入れ替わります。それはまた，まるで景色が変わるでしょう。

　次々に来る相手は，前回迎えてくれた人たちでありながら，今度はやって来る人であり，それもまるで逆の順序で来るのです。その時の，戸惑いや驚き，不思議さ。前の世代から送り出され，次の世代を送り出し，そんな人間の一生を擬似体験する遊びだったのです。

(3)　歩きの遊び（人になる＝身体機能の基礎）

演習・実践・ポイント

　　※理論編 p.63〜65

　ほとんどの遊びの中に入っている「歩き」を別枠で項目として上げたのは，「二足歩行」は「言語」と共に，人間が人間である特質で，人間の活動の出発点だからです。

　「二足歩行」→手が独立して使える→道具を使う→文明の発達→文化の発展

　「正しい歩き」からは，良い姿勢（立ち姿や座り姿）が生み出され，体幹ができるので，身体全体が余分な力が入らない＝脱力した身体を生み出します＝危険の回避

　「脱力した身体」からは，多種多様な歩き・走り・跳躍（幅跳び・垂直跳び）・方向転換・急停止などを，身につけやすいでしょう。＝柔軟な身体と頭

　子どもたちは，ただ歌いつつひたすら歩くのは，本当に好きです。年齢に相応しい動きとテンポで，できるだけ長く切れ目なく，歌い歩きましょう。歩くのが，快感であることを体験できるでしょう。

時には，ファンタジーの世界に入り，それぞれの物語の中で想像を広げながら。

歩き：重心移動→踏締め歩き→練り歩き（後ろに付いていく）→先頭交代
　　　→手つなぎ歩き

円歩き：円の前後歩き→円歩き→円の方向転換

　　　歩きの認知・認識　円の認知・認識と円歩き　進行方向に向く

しゃがみ歩き：膝の屈曲　腰の上半身の支え

回転・片足跳び：バランス平衡感覚

		3歳	4歳	5歳
歩き ファンタジー	1）重心移動	①まいまい ②エエズゴーゴー		
	2）練り歩き	①ほたるこい	②チンカラマンダイ ③いなかのおじさん＋キャールノメダマ	④いなかのおじさん ＋あめたんもれ ＋ゆきこんこん ＋ほほほたるこい ⑤（止まる）いなかのおじさんギョッ
	3）先頭交代		1人 ①どうどうめぐり・ ①こんこん（おやま）	2人組 ⑥どんどんばし ⑦どうどうめぐり
	4）手つなぎ歩き		①かなへびこ ②かえるがなくから（円歩き）	
5）円歩き		①なべぁおおきぐなれ	②どうどうめぐり	③こんこんちきちき（やまほこ）
6）しゃがみ歩き		①スズメチューチク	②さるのこしかけ	③いもむし
7）回転・片足跳び		①でんでんまわり	②でんでんまわり	③人工衛星

☆大人のために＝良きモデルとなる為に

■ 演習①

こんこんちきちきを歌いながら歩いてみましょう。まず，30回歌い続けて

歩き続けます。どこかが，くたびれたり，痛くなったりしませんか？　大丈夫なら，もう30回歌い続けて歩き続けます。30回がどの程度の長さか，どんな感覚になるのか，体験してみましょう。子どもたちはこのくらい繰り返すと，楽しくなり，やめなくなります。

★　ポイント①

　もし，くたびれたり，痛くなったりしたら，どこかが，不自然な歩き方かもしれません。お互いに見合って，何が不自然なのか考えてみましょう。

■　演習②

　今度は，少し意識して，色々な歩き方をしてみましょう。

ア　足を付け根から交互に出す

イ　交互に膝を上げて，下ろす

ウ　足と一緒に，両手を振って歩く

　　・手と足と同じ方

　　・手と足は逆に

エ　前から引っ張られるように，お臍から進む

★　ポイント②

ア）爪先から出ていませんか？　足の裏全部が地についていますか？　腰が落ちていませんか？

イ）右と左の膝の上げ方がちがって，歩きにくくないですか？　爪先だけで歩いていませんか？

ウ）同じ方の手足を同時に動かすと，難波歩き，という昔の武士の歩き方になります。足や手だけでなく，身体全体が，左，右と斜めに出ながら歩いていませんか？　足と逆の手を振ると，勢いがついてよいですね，でも意識は手の方にいきませんか？　それに，膝が曲がっていませんか？

エ）上半身，下半身ともに，上下に動くことがありません。上半身と足が，いつも一体となって前に進んでいきますし，爪先は真っ直ぐ前に向き，足

裏全部がつきます。上半身が動くのに連れて，後ろ足が自然に踵から上がっていき，最後に足指だけになり地面からはなれ，上半身と一緒に前足になります。

練り歩きをします。先頭交代をします。
ア）先頭がリーダーとなって，練り歩きをします。初めは好きなだけ，好きなように歩きます。満足したら，後ろにまわり，先頭を交代します。
イ）次は，２〜５回の内で回数を決めて，先頭を交代します。初めに先頭になった人が，黙って自分の決めた回数で，後ろに行きます。「何回で先頭交代したでしょう？」当たったら，その回数で代わっていきます。当たらなかったら，「同じ回数で代わってください」ともう一度先頭をし，後ろにつきます。

★　ポイント③

ア）練り歩き，と只只歩くのではなく，何かの図形や，端歩き，直線，直角，曲線，ジグザグなど，様々な歩き方をしてみましょう。どんな動きをしたか，当ててもらうのも良いです。思っていたのと，まるでちがった答えが返ってきたり…一筆書きのように，歩きで図を描くのも面白いです。

《歩きについて》

　私たちは，二足歩行と呼びますし，歩くというと足を動かすこと，と受け止めています。確かに「歩く」という動作は，人類の発達においては，足の前後の動きから始まったのでしょう。しかし，だんだんと上半身が腰の上に真っ直ぐに乗っかっていった中で，身体全体の重心の移動によって，歩くようになったのではないでしょうか。その動きが，一番小さな動きによって，滑らかで大きな移動ができるからです。
　アスリートの頭や腰・手・足などに，小さなライトをつけて，様々な動き

をしてもらい，そのライトの動きを撮影しているのを，見たことがあります。優れたアスリートの方たちは，そのライトの動きが，とてもシンプルで小さいことがわかります。また，腰のライトは一定の位置で上下・左右に動くだけで，動きがほとんどないこともあります。

　「肝がすわる」という言葉がありますが，まさに身体全体の肝＝中心点があって，そこに基点を置いて動く，身体全体のバランスの中心点が常に定まっている，ということでしょう。

　「体幹」を感じることでしょう。それは，回復力ともいえます。様々な動きや，バランスが崩れた時にも，最も安定した身体のありように，戻っていく力です。

☆子どもと共に

1　歩き
ファンタジー遊び

３歳　ファンタジー遊び『まいまい』『エエズゴーゴー』

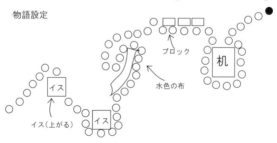

1）　重心移動
①　まいまい（重心移動）　3歳

● **実践①**

ア）２本の角を手で頭につくって，横揺れしながらゆったりと歌い歩く。
　　「雨がふったから気持ちいいね。お隣の庭のまいこちゃんのお家まで，皆
　　で遊びに行こうか？」と，歌いだして練り歩き。「葉っぱの上は歩きやす
　　いね」とか「紫陽花の花だね」とか。子どもが歌いだしたら，庭を想像し

104

て見える物を言葉にしていくと，子どもは自分が本物の蝸牛になった気持ちになり，しっかりゆすって歩きます。「高い塀だわ，塀に沿って行きましょう」と部屋の端に沿って歩いたりする。「まいこちゃんのお家だ。まいこちゃん，遊びましょう」何度か言って，「いないみたいね。また，あした来ようか」と帰る。帰りは，「わーお日様が照ってきた。少し急いで帰ろう」と少し，早めのテンポで帰る。

イ）「まいこちゃんのお家に行こうか！　今日はこの前とちがう道を通っていこう」と歌い歩き出す。椅子は「おや，小石がある。でも登っていかないと」と椅子に乗り，下りていく。勿論，手の角は忘れてしまう子の方が多いかもしれない。それで大丈夫。次の瞬間，また角をつけるでしょう。水色の布は，水溜まり。「まわっていこう」ブロックは小さなブロック塀。「塀だけど，伝っていこうね。落ちないように気をつけて」の声かけ。机の下は「こんな所に机が捨ててあるわ。いけないねー」などと言いながらくぐっていく。声かけても，まいこちゃんはまたいない。何度か声をかけている内に，誰かがまいこちゃんになってくれるかもしれませんね。そうなったら，もう子どもたちにまかせましょう。何かで遊んだり，他のわらべうたで遊んだり。いないなら，今来た道を戻りましょう。家に戻って「明日は，まいこちゃんいるかなー」などと言ったら，「私する」と言う子が出てくるかもしれません。自由遊びの中で，この物語が続くと，素晴らしいですね。

② **エエズゴーゴー（踏み締め歩き）** 　3歳
（5～6回の積み重ねでつないでいく）

● **実践②**

ファンタジー遊びの実践B参照。

ア）おにぎり作り

イ）お弁当作り

ウ）お弁当作りとお散歩（どんどんばし）

エ）「今日は山登りに行くよ。ちょっと遠いから，お弁当作って行こうか」
とお手玉を出し「ぎっちょ」でおにぎり作り，積木などを野菜やお肉に見
立てて「ななくさなずな」で調理し，小籠に入れて「なべなべ」で煮て，
それを弁当に見立ててハンカチで包み，出発する。「エエズゴーゴー」を
歌いだし，練り歩き。季節によって，たんぽぽ摘みをしたり，どんぐり拾
いや栗拾い，柿を採ったり，という設定をして途中に見立てたものや本物
を，置いておいて，拾ったりしながら行く。

　勿論，そんな間もずっと歌い続ける。小物を置いて，私が１つ拾えば，
何も言わなくても，子どもたちは拾いだす。「やっと麓についたよ。さあ，
登ります」「エエズゴーゴー」と少ししっかりと，一歩ずつ踏み締めるよ
うに歌いだす。

　少し行ったら「わー，すごい坂！　滑らないように，足をふみしめて
よ」と四股を踏むように足を開いて，ゆっくりと踏み締めて歩く。テンポ
は勿論それに合わせてゆっくりになる。子どもたちは，必ずここで笑い面
白がるのです。

　少し行ったら「ああ，もう大丈夫。でも気をつけてね。こんどは，つづ
ら折りの道よ」とジグザグ歩きを始める。「曲がる所で，しっかりと身体
全体を方向転換して見せて歩く。少し行って「頂上だバンザイ」等と言い
「お腹すいたね。食べよう」と食べる。お弁当の中身は何か，他に何を持
ってきたか，など，「私は〜」と話すと，子どもたちも色々話しだす。「お
いしかったね。片付けて帰ろう」とお弁当を片付けて持ち，歌いだし歩く。
少し行ったら，「坂道くだるよ」と歩き出し「あぶないあぶない」とだん
だん速くなって走るくらい。そこで「もう大丈夫」と普通の速さに戻り，
歌い歩く。家についたら，お弁当の後片付け。それぞれの，入れ物を出し
て，そこに片付けて，終わり。

オ）次の回は，同じでも良いし，登りは同じで帰りは舟こぎ（オフネガ）で
も良い。

★ ポイント②

　弁当の後片付けは，イ）の時から毎回キチンと出した器に戻す習慣をつけておく。弁当を包む事で，結び方を教え，ハンカチの端を揃えてたたむことも，習慣づける。

2）　練り歩き（手をつながないで，ついていく）

3歳『ほたるこい』　4歳『チンカラマンダイ』　5歳『いなかのおじさん』

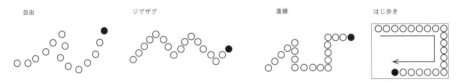

自由　　　　　　ジグザグ　　　　　　直線　　　　　　はじ歩き

◆3歳

①　ほたるこい

● 実践①

ア）「いま，○○川のあたりに蛍がいっぱい飛んでいてきれいなんですって。見に行こうかな」と歌い，歩きだす。近くの蛍の飛んでいるところを，具体的に思い出しながら，歩きましょう。商店街を通るのか，バス通りなのか，田んぼの中なのか。その設定によって歩きが単調にならず，ちょっとした会話も出てくるでしょう。

イ）「ほら，川に出てきたよ。少し暗くなってきたから，足元に気をつけて歩いてね」と川沿いを蛍に呼びかけるように歌い歩く。少ししたら，足元の草むらや川沿いの木，自分の周り，などに飛ぶ蛍を，捕まえ（そっと両手で捕まえる）たりする。子どもたちは，すぐ真似をしだす。何匹か，捕まえた後は，両手の中に蛍を捕まえたまま，「帰ろうか」と元の道を，引き返す。家について「きれいだったね。蛍放してあげよう」と部屋の中で放すように，手をそっと開いて，飛んでいくのを目で追う。

★ ポイント①

ア）「ほたるこい」は元は役交代の歌ですが，こうやって歩きだけでも充分

楽しめます。

イ）大人が，本当に手の中に蛍を感じながら歌い，動作をすると，子どもたちも見えない蛍を見えるように，丁寧にあつかいます。

◆4歳

② チンカラマンダイ

● 実践②－1

ア）唱えつつ，ひたすら歩く。言葉が面白いので子どもたちは良く歩く。大人の私たちもその言葉を楽しんで唱えたい。でも，お盆の歌ですから，おそらくお経の一部を小耳に挟んだ子どもたちが，その面白い響きを繰り返してお坊さんの読経の真似をしたのが始まりでしょう。面白いだけでなく，ちょっと神妙になる感じもどこかにあります。この時，大人は先頭を歩き，意識して歩きの方向を色々と変化させて練り歩きをします。方向転換が，はっきりわかるようにしましょう。

イ）美しく歩けるようになれば，様々な打楽器を，打ち鳴らしつつ歩くのも良いです。大人が先頭で拍打ちで叩きながら歩きます。楽器は，打楽器だけでなく，積木やプラスチックの洗面器，木の樽，等でも良い。部屋にある玩具の中から，打楽器にできそうなものを，探してくるのも楽しい。

ウ）次の回も，打楽器を打ち鳴らしながら，歩く。あまり大きい音の時は「お盆で，先祖の方々に上げるお経だと思うのね。そんなに大きくなくても聞こえると思うよ。お経が聞こえなくなってしまうよ」と声かけをする。丁度良い音（言葉が聞こえ，それぞれの楽器の音がそれぞれに聞こえる程度）になったら，「良かった，言葉が聞こえるし楽器の音も色々聞こえてきて，きれいになった」と，伝えよう。大事なことは，誉めるのでなく，どう変わったかを，伝えること。それによって，自分の行いの結果を知ることになります。音を美しくしたその技術と結果がつながれば，次のことに役に立つ財産となります。

　イ）ウ）人数＋数種類の楽器＋楽器になる物を用意しましょう。子どもたちが手に取れるように，机に並べておくか，大きな籠などに入れておく。どれを選ぶかは，子ども自身にさせます。大人は見守りますが，采配はしません。ある意味「早いもの勝ち」です。後れをとった時，それでも欲しければ交渉するのです。

　泣いても，文句言っても，仕方ないですね。だからこそ，起死回生の機会を準備する。一回で終わらず，数回重ねて遊ぶのです。本当にしたいこと，欲しい物は，自分から動く必要があることを，自分自身が動くことで，物事は変わることを，こんな遊びの中からも，体験し，学び，自分の力にしていきます。

● 　実践②－2

　多くの「歩き」や「しぐさ遊び」などの歌で，ひたすら歩きます（4歳以降の課業的歩き）。

ア）わらべうたの遊びの前，または充分遊んだ後に，大人が歌いながら歩き
　　だします。その日遊んだ歌は使いません。子どもたちが今まで良く遊んで
　　良く歌えたものを選んで，少し高めの声で，美しく歩きだしましょう。子
　　どもたちは，ついて歩くでしょう。遊びの時より回数少なく10～20回歩い
　　て，終わりましょう。自然に歩きが目的と感じるでしょう。その後すぐ遊
　　びに入るか，終わりの鑑賞曲や語呂合わせ等して終わるか。

③　いなかのおじさん＋キャールノメダマ（カエル跳び）

● 　実践③

ア）歌いながら，歩きだす。ひたすら歩いて，「田んぼに出てきたね。田植
　　えしたばかりだから，お水がいっぱいね。あ，カエルがいた」と「キャー
　　ルノメダマ」で唱えながらカエル跳び。真っ直ぐでなく，あちらこちらに
　　方向を変えながら跳ぶ。

　つながり歩きのままで跳ぶと，そのままつながって跳び，面白さに欠ける。歩きの時の方向の直角に跳びだす，円になっていたら円の真ん中を横切る，等の，ちょっとした工夫で子どもたちは自由に好きなように跳びだす。そうすると，本当に子ガエルたちがピョンピョン跳んでいるようになって，楽しい。

◆5歳

④　いなかのおじさん＋あめたんもれ　　ア）
　　　　　　　　　　　　＋ゆきこんこん　　イ）
　　　　　　　　　　　　＋ほほほたるこい　ウ）

● 実践④

ア）歌いながら，歩きだす。ひたすら歩いて「田んぼに出てきたね。あらー，田んぼがカラカラ。どうりで稲が元気がないね。みんなで，雨が降るようにお願いしよう」と両手を合わせて祈る格好で「あめたんもれ」を歌いながら，田んぼの周りをまわるように歩く。「向こうの田んぼもまわろう」などと少し歩いた所で，またまわるように歩く。何度か同じようにして歌い歩き，「あれ，雨じゃない？　降って来た！　良かったね」と皆で喜ぶ。

イ）雨がふってきたと喜ぶといっしょに「ゆきこんこん」と歌いだし，歩いて帰っても良い。小さな太鼓やプラスチックの小さめの洗面器などを膝に置いて，左右の手で交互に｜｜｜♪のリズムを叩きながら，「ゆきこんこん」を歌うのも楽しい。もちろん，色々なものを打ち鳴らしても良いし，好きに手足を動かして踊るのも良い。

ウ）歌いながら，歩きだす。ひたすら歩いて「田んぼに出てきたね。あら，何か光っている。あれ蛍じゃない？」「どこから来たのかしらね？」で，子どもたちが色々言うかもしれない。その会話を楽しみ，その中から具体的な場所が出たら，それを取り上げ，出てこなければ「きっと近くの〇〇川から来たのね，行ってみようか」と「ほほほたるこい」を歌いながら，

歩きだす。後は，蛍捕りをしたり。5歳児なので，関連して2色の折り紙や色画用紙で，蛍籠を作って，それを持って歩くのも楽しい。

★　ポイント④－ア）

ア）田んぼをまわるのでなく，「雨乞いする場所が，あるのよね。そこまで行って，皆でお願いしようか」と山の方に登ったりして「着いたよ。ここでしっかりお願いしよう」と，丸くなって歌ったり，社などに向かって歌ったりする。という遊び方もある。

⑤　いなかのおじさんギョッ　止まる遊び

●　実践⑤

　③の歌と，言葉がほとんど同じで，音もこちらが一音高い音が出てくるくらいで，少し紛らわしいのですが，「ギョッ」と止まるという遊びは，貴重です。歩くのが自由になり止まらなくなった5歳児には，こんな遊びも良いのではと思います。

ア）初めは，ばらばらで練り歩きして「ギョッ」できちんと止まる。

イ）簡単になったら，いつもは止まらず，太鼓やタンブリンを鳴らしたら止まる。

ウ）大人が「ギョッ」の所を歌い，「ギョッ」でない言葉の時だけ止まる。または，いつもは「きゅっ」とか「ぶちゅ」とか言って，「ギョッ」の時だけ止まる。

エ）手つなぎの練り歩きが慣れてきたら，歩いては止まり，歩いては止まり，とどれだけ上手に崩れないで歩けるか，グループで競争をする。（きれいに止まれなかったら座る）

オ）もっとできそうなクラスは，円歩きで止まる。手をつないで円歩きで止まる。円歩きで止まったら，逆まわりになる。などなど，様々な遊びが生まれてきそうです。

　安全には，気をつけつつ，子どもたちと，いっぱい遊んでみてください。

3） 先頭交代（手をつながないで，ついて行く）

　　　1人『こんこんちきちき（おやまの）』
　　　　『どうどうめぐり』『こんこんちきちき（やまほこ）』
　　　2人組『どんどんばし』『どうどうめぐり』

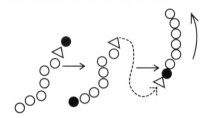

◆1人

① どうどうめぐり　こんこんちきちき（おやまの）　4歳

● 実践①

ア）まず，大人を先頭に練り歩きをします。様々な歩きの図形を意識して，歩きましょう。慣れて来た頃，後ろの子に「好きに歩いて」と言って，先頭を交代し一番後ろにつく。人数が多い時は歌2～3回で，人数が少ない時は5回くらいで，「交代しよう」と声をかけて，先頭の子は後ろにつくように，手で示す。大人はその後ろについて子どもの順番の中でなく最後尾でついていく。全員が先頭をしたら，その日は終わり。

イ）2回目は，先頭の大人が3回で後の子と交代します。「今，何回で交代した？」と聞き，誰かが当てれば，「同じ回数で交代ね」と告げます。誰もわからなければ，「じゃ，もう一度ね」と3回歌いながら歩きます。そして，さっと列の横に出て，後ろにつきます。次の子が3回で後ろにきたら，大人の前に入れる。大人は，人数外としての立ち位置を表し示し，こどもは自分の前後を確認できる。基本は全員が先頭を体験して終わる。

ウ）3回目は，先頭の大人が黙って2回で先頭交代をする。同じ回数で交代することを確認する。ぼんやりしていた子には，「私，何回で代わったっけ？」と聞く。必ず誰かが教えてくれる。「2回」「だってよ。やり直す？もういい？」と好きな方を選択させる。その子によって，やり直すのを罰

と感じて嫌な子もいるし，「そうだったのか」とちゃんとし直したい，と思う子もいる。その気持ちに沿った方が，楽しさを失わないし，自分の気持ちで「仕切り直し」ができる。気持ちの仕切り直しの仕方を，体験することは，良い経験になる。

エ）人数が多いクラスなどは，幾つかのグループに分けてしても良い。各グループの先頭を，鬼きめかジャンケンで選び，何回で交代か決めさせる。こんな時は，名前の一覧表に○などつけておきましょう。次の時，「先週は～ちゃん～ちゃんが先頭をしてくれました。今日は誰がしてくれるかな？」などとアナウンスをして，募りましょう。次の回も同じようにアナウンスして，希望した順に全員に体験させましょう。人数がへってきたら，「来週で，全員終わりそうです」などと，一言加えましょう。最後に手を挙げる子たちは，色々な意味で，心の準備が必要な子たちでしょうから，「来週は自分もする」と気付くように，前もって伝えておきましょう。そして，全員終わったら，「全員終わりました。おめでとう」と喜びましょう。

★　ポイント①－1

イ）大人がモデルをする時，まず列の横に外れて，後ろの子に先に進む合図をし，それから，後ろにつきます。スルッと後ろに行くと，わかりにくいようです。

エ）人数が多いクラスでは，どうしてもおとなしい子や消極的な子は，様々な体験をしそこないますし，それが当たり前に本人もなってきます。全員がするのが当たり前，という意識ができることで，積極的な子も消極的な子の存在を知り，消極的な子も皆と同じことをする楽しさや喜びを体験できます。そして，大人が全ての子に同じように接することこそ，子どもたちからいじめを無くす，大きな力になると思うのです。先頭交代は，とても大切な遊びです。先頭になって，自分の意志で好きなように歩けることは，子どもにとっては面白いし誇らしいことでしょう。

■　演習①

　一方，大人である私たちには，とても大事な役目と仕事があります。子どもたちの先頭歩きを見て，大人は観察しましょう。

ア）まずは，上半身が真っ直ぐになっていて体幹が感じられるか。足の裏が
　　地面についているか。跳んで歩いていないか。拍と合っているか。

イ）自分の前の人が歩いている時，次は自分が先頭になることに気がついて
　　いるか。

ウ）歩きが，ただただ歩いているのか，先頭＝リーダーであることを理解し
　　ているか。

エ）意識して真っ直ぐ・曲がる・ジグザグ・でたらめ・端っこに沿って・真
　　ん中を・斜めに・○・□・△の形に，などと思いを持って歩いているか？

★　ポイント①－2

ア）は基本であって，同時に最終目標です。この点が，危なく足りていない
　　時には，3歳児での，重心移動や踏み締め歩きなどを，し直しましょう。
　　その他に，動物になって歩く（エエズゴーゴー・どんどんばし）のも，良
　　いでしょう。

　四足の動物の真似で歩いてみる。（どんな動物がいるか，調べてみてください！）

　＊右手右足を同時に出して，次に左手左足を同時に出す

　＊右手左足を同時に出して，次に左手右足を同時に出す

　＊前足2本出して，後ろ足2本を寄せる

　　二足の動物の真似で歩いてみる。

　＊二足同時に，跳ぶ（カンガルー・小鳥）

　＊片足ずつで歩く（ゴリラ・にわとり）

　様々な動きの違いを体験することで，筋肉を目覚めさせましょう。足の
存在を体感させましょう。でも，勿論「遊び」です！　おかしな格好にな
るでしょう。それをお互いに楽しみましょう。身体の構造がちがうのです

114

から，変な格好になり，歩きにくいのが当たり前なのです。それらを体験すれば，人間の歩くことの自然さはどうなのか，を知るでしょう。

イ）ウ）が，弱い子は，自分の存在を，まだしっかりと感じていないのかもしれません。乳児で遊んだ，手遊びなどをどんどんしてあげましょう。そうすると，子ども同士でもしだすでしょう。そうすると，私とあなたという，1対1の関係も対等な関係ができていくでしょう。

（5歳）

エ）これは，年長での最終課題です。練り歩きで，大人がはっきりと見える形で絵を描く，方向転換を身体全体で表す，時には言葉で「真っ直ぐ歩こう」「ジグザグ歩きしよう」などと言う，などを繰り返していくことでしょう。

  ＊時には，部屋にある様々な小物を全部使って，部屋いっぱいに大きな渦巻きを描きましょう。そして，2組に分かれ，真ん中からと入り口からとで歌いながら歩き，出合ったところでジャンケン。負けた人は外に出て，次の人が出発点から出る。早く相手の陣地に着いた方が勝ち。そんなゲームも面白く，空間が良く見えます。子どもたちが勝手に作りだした渦巻きが美しかったので，壊さずに遊んだ体験です。その渦巻きを，歌いながら真ん中まで歩いて戻ってくるだけでも面白い。次には□の渦巻き，△の渦巻きなどと，発展させる子が出てこないでしょうか！

◆2人組

⑥　どんどんばしわたれ　⑦　どうどうめぐり　5歳

● 実践⑥⑦

ア）しっかり，1人歩きができたクラスでは，少しずつ2人組の歩きも入れていきましょう。普通に左手と右手をつないでの練り歩きです。1人歩きで，様々な図形で歩いた子たちは，当然の如く2人組でも，同じように様々な歩きをしたり，先頭交代をしたりするでしょう。

イ）2人組の練り歩きが上手にできた子たちは，最後に円歩きになって，ま

わるのもしてみましょう。

ア）いつも通りに，大人が２人組を作ってモデルとなり歩くこともできます。また，１人の練り歩きが美しくできた後などに，「１人で美しく歩けたから２人でもできるかもしれないね。２人で手をつないで歩いてみる？」と問いかけて「やってみよう」と子どもたちが挑戦したがったら，続いてさせるのも良い。「えー！」と，躊躇したら，「そうね，美しく歩けたところで，やめとこうか。２人歩きは，また今度」とアッサリと取りやめる。それでも，子どもたちの心の中には，次の課題として残るでしょう。いつか，自分たちから，言い出すかもしれません。

イ）円になる前には，大人も混ざって２人組で，様々な歩きをしてから，円になりましょう。斜め歩きで，平行に戻ってくるとか，∞で歩いてみるとか，様々な隊形で歩くことで，基本の左まわりを意識できるようになるでしょう。

　＊１人での様々な意識的な練り歩き，先頭交代，基本の左まわりの円歩きを，３・４歳でしてきた子どもたちが意識できること。この積み重ねのない時に，様々な歩きをすると，混乱と無意識化を促進してしまいます。

４）　手つなぎ歩き

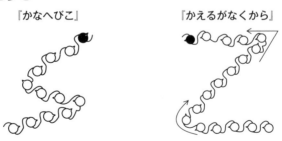

『かなへびこ』　　　　　　　　『かえるがなくから』

① 　かなへびこ　4歳

「前の人についていくつながり歩き」とちがって，手をつないで歩くのは，

結構大変です。なぜなら，手をつなぐことで，歩幅が制限され，テンポも制限され，全員が同じように進むのですから。子どもの身長＝歩幅は，成長の度合いによって，同じ年齢でも随分違います。そのみんなが，一緒に歩くには，知的観察力に基づく，身体と心のコントロールが必要になってきます。

　理想としては，少人数での遊びです。かなへびは，蛇と名がついていますが，細身で尾が長く，金（かな）色＝（褐色）のトカゲです。

● 実践①

ア）部屋のどこかの空間を，かなへびの家に設定して，決めておく。「つなごう」と前を向いて，左手を後ろに出します。数人が手をつないだところで歌いだし歩きます。途中でつながろうとする子たちには「あそこのお家で待っていて」と声かけして遊ぶ。ある程度遊んだら，家に行って「無事家につきました」と手を離します。次の子たちと，こんどは手をつないで，出かけます。その繰り返し。

イ）子どもたちだけでしたがったら，どんどんさせる。人数が少なかったら「まだ小さいね。大丈夫？」と声かけ。加わる子がいるかもしれない。そのまま，行くかもしれない。2人の時には「まだ卵ね，シッポがない。タマゴでは外に出れないから，もう少し待ったら」などと声かけ。

★ ポイント①

ア）必ず，左手を出して，手をつなぐこと。5歳で遊ぶ「隊伍をくんで」の「渦巻き」や，「円の端の門くぐり」などで，手つなぎで円を描きます。その時，右方向に進んで円を作りますので，そこで戸惑わないように，手つなぎ歩きは，左手を出して，子どもの右手とつなぐようにだします。

　＊逆に，右手を出して手をつないで，円を描くとどうなるか，是非一度，皆さんで体験してみてください。

② かえるがなくから　$\boxed{4歳}$（手つなぎ歩きから，円歩き）

● 実践②

「かなへびこ」で，手つなぎ歩きに慣れた頃合いで，大人数での手つなぎ歩きを始めましょう。もう４歳ですから，だまって左手を後ろに出し，正面を向きます。

ある程度の人数がつながるまで待ちます。つながった所で，歌いだします。

「かなへびこ」の時は短かったので，直線的な動きが多かったですが，こちらは長いので曲線的な動きをします。ジグザグ歩きも，曲線的な歩きにしましょう。そこから，円を作っていく歩きもしましょう。

★　ポイント②

＊身体が，横向きにならないように，いつも前を向いていること。

＊右手はいつも前左手はいつも後ろ

＊内向きになる円歩きと，外向きになる円歩きの両方をしましょう。

円になるのは，内向きで円になるのが自然なので，無意識でしてしまいます。外向きの円では，視覚で円を感じるのでなく，背中で感じるので，とても意識的に，円を感じることができます。

５）　円歩き（基本まわり＝右手の方に進む＝左まわりをしっかり身につける）

『なべぁおおきぐなれ』

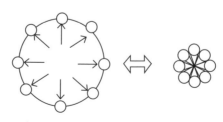

①　なべぁおおきぐなれ　3歳　（円の前後歩き）

● 実践①

ア）両手を開いて手をつないで，輪を作る。円ができたら，つないだ手を前に出しつつ前に進んで隣同士がひっ付くような円になり，互いのつないだ手も真ん中で付くくらいにしてすり鉢を作る。そこから，歌いだして後ろに８歩。前に８歩ですり鉢の状態に戻る。これを，延々と繰り返す。ぐちゃぐちゃになりそうでも，途中で手が切れても，子どもが数人抜けても，繰り返す。歌い遊び続けていれば，子どもたちは切れても手をつないで円を作ります。気がつかない子がいて，切れて円にならない時には，今両手をつないでいる２人同士の手をつなぎ，円が切れている所に入って手をつなぎ，円に戻して続ける。

イ）次の時は，歌いだしながら両手を開いて出し，前後に動く。そして続ける。途中で入ってきても大丈夫，続けていく。満足したら，次の遊び（しぐさ遊び・役交代）などに移る。

★ ポイント①

ア）後ろに進んだ最後の一歩，前に進んだ最後の一歩を，しっかりと踏み揃えて，動きの方向転換をする。

イ）歌えるようになったら，少しずつ歌うのを抜けていく。まだあやふやな時に抜けると，いい加減に歌う癖がつくので，初め・２度目くらいまでは，しっかりと歌い続けよう。３度目くらいで，部分的に歌をやめると子どもが歌いだす。でも，子どもたちがふっと途切れた時に，切れてしまったり，歌い直したりしないように，心の中では常に一緒に歌い続けておいて，すぐ声を出して歌を続けられるようにしておく。

ウ）すっかり歌の助けがいらなくても，動きは一緒にしてもよい。但し，子どものテンポに合わせて。決して，大人が動きやテンポを支配しない。ふざけたりする子がいる時は「もう，皆だけでできそうだから，やってみて」と子どもに完全に任せるのも良い。うまくいけば「やっぱりできた

ね」できなかったら「どうしてうまくいかなかったかな。またこんどしようね」とやめる。子ども自身が，色々言い合ったりするのに任せる。

『どうどうめぐり』「こんこんちきちき（やまぼこ）」

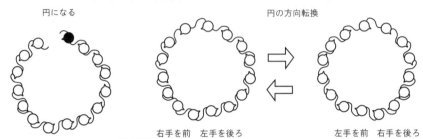

円になる　　　　　　　　　　円の方向転換

右手を前　左手を後ろ　　　　　左手を前　右手を後ろ

② **どうどうめぐり**　4歳
（円のつながり歩きの方向転換＝進む方向に身体が正面を向く）

● **実践②**

ア）初めはひたすらつながり歩きで，円歩きの基本＝左まわり。流れ出した所で何も言わずにクルっとまわり，方向転換して左にまわります。10回くらい歩いた所で，右に。だんだん回数を減らして最後は5回おきくらいで変わる。

イ）2度目も同じように，つながり歩きで基本まわりをひたすら歩き，流れ出したら方向転換を始めます。初めは，10回から同じ回数で右・左と変わります。同じ回数で変わるのに気付き，いい加減になりかけたら，右・左の回数を，アトランダムに変えていきます。これで，集中力と面白さが出てきます。

ウ）3度目は円になり右向きに立ち，様々なタイミングで方向転換して，遊びます。

★ **ポイント②**

円を美しく歩くのは，とても難しいことです。役交代では円歩きを頻繁にしますが，その時だけで美しい円で歩くのは困難に見えます。歩きの中で，こんな形で遊んでみるのも良いのではないでしょうか。

③　こんこんちきちき　5歳　（円の手つなぎ歩きの方向転換＝進む方向に
身体が正面を向く）

● 実践③

ア）両手を出して円を作り，「なべぁおおきぐなれ」を遊ぶ中で，最大の大
きさを体験させる。

イ）「今，大きな円ができたよね。もう一度作ってみよう」と大きな円を作
る。できたら手はつないだまま全身を右に向ける。皆が右向きになったら
「こんこんちきちき」と歩きだす。３回歩いたら，クルリと身体を逆向き
にして左にまわる。３回ずつ，右に左にと方向転換する。

ウ）回数を，アトランダムにして方向転換する。

★　ポイント③

ア）手をしっかり横に伸ばした姿勢で止まると，上半身がしっかり立ち腰が
上がり，良い姿勢になる。

イ）方向転換することで，上半身が前傾していくのを防げる遊びです。今ま
での遊びの中で，何か目的があって仕掛けていることがわかっている子ど
もたちは，ワクワクとして待っています。そんな子どもたちを信頼して，
繰り返し遊び続け，だんだん方向転換がスムーズになるのを待ちましょう。
そうすると，子どもたちも他の子どもたちを信頼して待ちます。そして皆
の心が合って，きれいに方向転換できた時ホッとするのとうれしいのと，
両方があって，より美しく歩きだします。

ウ）方向転換の回数が決まっていないことで，集中力が高まり，上がった腰
が落ちないで続く。しかし，あまり頻繁に細かく方向転換すると，逆に全
てが崩れてしまうので，気をつけましょう。

6）　しゃがみ歩き

　この数十年の間に，日本の生活環境は大きく変わってしまいました。食べ
物による変化で，日本人の顔が横幅狭く奥行き深いヨーロッパ的になり，顎

が小さくなって，歯の矯正をする子が増えました。手足が，長くなってきました。畳から椅子の生活になり，座ることがほとんどなくなりました。正座ができず，かといって椅子にもキチンと座れず，下半身がしっかりと大地について，上半身がその上に真っ直ぐに乗っかる，という人間の本来の姿を，身につけるのが難しくなっています。そこから，正しい歩きの習得が難しくなってきているのですが，最も難しいのが，しゃがみ歩きです。昔は，トイレが全てしゃがむことで成り立っていました。日々の生活の中で，女性なら一日に何度も，男性も一日に一度はしゃがむという行為をしていました。しかし，今はもうほとんどありません。それで当然ながら，しゃがみ歩きができる子は，ほんの一部の子になりました。

　「いもむしごろごろ」をすると，まず腰が下に落ちません。上半身は真っ直ぐ立たず斜めに下向きになります。そして足の裏は地につかずに，爪先立ちにふらふらと歩きます。そして，ゴリラのごとく，両手をつきながら歩きます。時代が変わり，生活が変わったのだから，それで良い，という考えもあるでしょう。

　しかし，乳児編の最初に書きました。人が危険から身を守る時，どうするでしょう。そうです。丸くなるのです。内臓や頭を守るように。その時，足の裏は衝撃を受け止めるように，キチンと大地についていなくてはなりません。転がってしまいます。膝は曲がって腰は落として内臓を抱え，手で頭を抱えこむのです。その瞬間的な動きに，しゃがむという動作は必要なのです。

　日常生活の中で，鍛えられ発達してきた様々な機能が，衰えつつある時，子どもたちには，遊びの中でそれらを使い，使いこなせる力をつける他ありません。

①　スズメチューチク（両足跳び）

●　実践①

　両足跳びには，膝のバネ，膝の関節を使います。まだ，歩きが出来上がっていない3歳ですから，そんなに深く屈むことはしません。あくまで，すず

めになって，遊ぶことを楽しみましょう。

ア）自由に歩き，餌を見つけて採って食べる。

「芋の葉に」の「葉に」で両足を揃えて止まり，「スッテンキョ」で跳んで屈む。「何見つけた？　こっちにいっぱい米粒があるよ！」「この家のお婆ちゃんが，トウモロコシを置いてくれているよ！」など，遊び続ける設定を，いっぱい考えましょう。

イ）低めのブロックなどから，下に跳ぶ子などには，初めは翼を動かす仕草
　　をブロックの上でして，「スッテンキョ」で跳び下りる。

ウ）歩きがしっかりとして，両足跳びの，良くできる子どもたちがいたら，
　　4歳のキリスチョンの役交代の前に，「野原で遊ぼう」「おにごっこしよ
　　う」などと，スズメになって自由に跳び続けて遊ぶのも良い。

②　さるのこしかけ（腰おとし膝曲げ）

●　実践②-1

　親子遊びでするのが，楽しいです。園での親子遊びの時などにできます。親子で円になり，座ります。「みんなは，お母さんお父さんの膝に座りましょう」保育士はその円の中に入って歌い歩きだします。「さるのこしかけ」まで歩いたら，「めたかけろ」でその前のお母さんの膝に乗り，弾みます。2・3回それをすれば充分。子どもたちが喜んで，歩き，膝に乗りだします。

★　ポイント②-1

　日頃わらべうたをしている子どもたちなら，一回でも充分でしょうし，わらべうたの中で一度，空座りや椅子で遊んでいれば，「初めにお母さんの膝に座りましょう」と言い，「さるのこしかけ」を歌いだしただけで，わかるでしょう。それか，前もって，「今度の，親子会の時には，お母さんお父さんたちと一緒に遊びましょう」と告知していれば，ワクワクと楽しみにするでしょう。子どもたちも喜びますが，親御さんたちがとても喜び，「めたかけろ」と弾む時に，抱えて弾ませてくれたりしました。

よその子どもをそうやって，膝に乗せたり抱えたりすることはそんなにありません。同じ年齢の子の持つ「何か」そして，一人一人の異なる「何か」を感じてくださるようです。そして，そんな触れ合いから，親子共々に，親しくなれる糸口になれれば良いですね。「こんにちは」とご挨拶する言葉に，心が伴うようになるでしょう。

● 　実践②－2

　子どもだけで，遊ぶ時には，大人が歌いながら，歩きと腰を落とす動作をします。

　ただ，上半身が，斜めにならず真っ直ぐな姿勢で腰を落とすのは，けっこう難しい動作です。ましてや，初めの歩きは子どものテンポで速めですから，深く腰を落とす余裕がなく，何をしているかわからなく成りかねません。

ア）「さるのこしかけって知ってる？」と始める。知ってる子がいたら，説明させる。いなくても，いても，写真などを用意しておき，見せる。ひとしきり，写真から，気付いたことをおしゃべりした後，「今日は，その茸が，いっぱいある所に行って，座ってみようと思うの。山の中だから，滑り落ちないように気をつけて登ろうね。それにお猿さんの椅子だから，あんまり強くないと思うの。木から折ってしまわないように，座ってね」と話して，少しゆっくり目のテンポで，踏み締め歩きで進み，腰もゆっくり深く落とす。

★ 　ポイント②－2

ア）イメージとしては，歩きは道なので前向き，腰かけるのは道端の木になっている茸なので，横向き（円の外側に木があるとすると，円の内側に向いて）腰を落とす。その時，お互いの顔が見えるのもうれしい。4歳児なので，「茸なんか無いじゃん」という子もいるかもしれない。その時は，あっさりと「そう？　私には見えるもん」で終わり。「見えないから，しない」といったら「いいよ」の一言。しかし，否定でなく，容認の「いい

よ」。遊びは自発的なもの，したくない子を無理にはさせない。この時期は偉ぶったり大人ぶったりしたい時。否定的な，発言をしたら否定的な結果を自分が引き受けることを，キチンと体験させる。でも，その子を否定するのではなく，そのような発言をしたくなる今の状態を受け入れること。

● **実践②-3**

イ）子どもだけでの，もう一つの案としては，夫々の子が自分の椅子を持って円になる。余裕があれば，間を少しあけておくと良い。そして「めたかけろ」で，椅子に座る。これは，椅子取りゲームになる可能性は大。でも，子どもはそれが大好き。わざと，座り損ねて大袈裟に悔しがる子の姿を見て，全てが整えられ，脇にそれることのできない，失敗を許されない，今の子どもたちの現状を思う時，歌が途切れることなく続いていることだけで充分，と思う私もいます。何度かそうやって，遊んだ後に，椅子なしでしてみるのも良いでしょう。

『いもむし』

③ **いもむし（重心移動のつながり歩き）**

（理論編 p.86 6 勝負遊び（4）減り増える参照）

● **実践③**

歌いながら，しゃがみ歩きで移動し，1人の子の前に行って，ジャンケンをする。勝ったら「後ろにつながって」という。負けたら「負けちゃった」と後ろにつながる。すぐ歌いだして，2人が連なってしゃがみ歩き。2対2，4対4と増えていく。8人になったら，全員がつながって歩き，1回が終わり。すぐ「ばらばら」と声かけ散ることを手で示して，「いもむし～」と歌

いだす。

★　ポイント③－1

　しゃがみ歩きは，歩きの基礎，重心移動です。前に進む，というより横に揺れることが動きの中心です。全員で横に大きく揺れながら，前に少しずつ進むのです。それが，ごく当然のように自然にできる子に育ってほしいですね。

★　ポイント③－2

　遊びの原則は，必ず全員がつながって歌って歩いて，1回が終わり，です。ただ，人数が多いと全員のしゃがみ歩きは「うねり」が出て，難しくなってきます。目的は，重心移動＝横揺れ歩きで，全員が同じ左右の揺れで心地良く終わるなら，8人が適当に，思えます。8人グループが，幾つかできる。5～6人グループもあっても良いでしょう。8人グループが1つできたら一回終わりで，全て「ばらばら」の仕切り直し。そのルールがはっきりしていれば，子どもたちは，じゃんけんの回数が増えて，色々な選択を試して遊ぶことができます。

★　ポイント③－3

　最後に先頭になりたくて，1・2回目のじゃんけんをスルーするように誰とも会わない子が，必ず出てきます。勿論，結果はそんなに甘くないのですが。でも，そのように自分で考えて実行して工夫する，その結果を自分で刈り取る。これこそわらべうたの醍醐味に思えます。全員がつながるには，多くの子がじゃんけんの回数が減ってしまいます。それより，じゃんけんの仕方を色々試してみる方が，より楽しいでしょう。それに，毎回の8人の組み合わせがちがってくるのも，面白みが増します。

7）回転

3歳『でんでんまわり』　　　　4歳『でんでんまわり』　　　　　人工衛星

1人

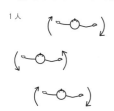

2人

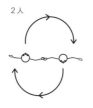

多人数

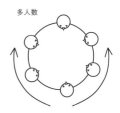

両手を広げてその場で回転　　　自分の向いている方向に　　　　基本は左回り（右回りも可）
左回り　右回り両方　　　　　　回り続ける

① 　でんでんまわり　１人まわり　 3歳

● 　実践①

　両手を肩の高さに開いて，歌いながら，その場でまわる。（竹トンボのイメージ）子どもは難しいが，大人は拍ごとにキチンと足踏みをしながらまわる。大人がクルリと回転したら，子どもは速い回転になり，目をまわす面白さになってしまう。それは，足が地面につくことを促進するどころか，足の側面や一部で支える習慣を，身体に覚えさせることになります。回転しても，地に足がつくように，目がまわらないように，慣れる為もあるので，初めは緩やかにまわりましょう。元々回転に強い弱いがあるので，決して強制しない。

★　ポイント①

ア）言葉を，はっきりと伝えるように歌うことで，むちゃくちゃなまわりになるのを，少しは防ぐことができます。

イ）初めは，一回ずつ逆まわりでします。同じ方向に続けてまわると，足が浮いてきます。足の裏がしっかりついてないと，逆にはまわりにくいです。

② 　でんでんまわり　２人まわり（竹トンボの右の翼と左の翼）　 4歳

● 　実践②

　両手を開いて「誰かと右手をつなぎましょう」と右手を肩の高さに真っ直

ぐ上げて，声かけをする。1人の子と右手同士をつなぎ，「歩きましょう」
とゆっくりとしたテンポで歌いだす。(「まわりましょう」ではない）キチン
と手がつなげ，まわりだしたら，少しずつ速く歌っていく。子どもの様子を
見ながら，適当な所でやめるか，今度はだんだんゆっくり歌う。

★　ポイント②

　子どもたち同士でやる時は，いきなり速くまわりだす可能性大です。それ
を，身体や心が望んでいるからでしょう。やめさせることはできません。だ
からこそ大人とする時は歩きから始めるのは，大切です。また，2人の組み
合わせであまりに体格がちがう時は，危険ですから「ちょっと身体の大きさ
がちがい過ぎるね。うまくまわらないと思うし，危険だと思うよ」と伝えま
しょう。注意（良くないと指摘する）でなく，事実を具体的に伝えましょう。

③　人工衛星　多人数

●　実践③

　5〜6人で円を作ります。「大きく大きく手を離しちゃだめよ！」「OK，
人工衛星人工衛星とーんだ」と歌いながら右方向に走る。歌の終わりで手を
離す。止まった時動いたら負け。抜けていく。慣れてきたら，数回続けて歌
って止まる。何回にするかは，子どもたちで決める。誰が？　順番に。じゃ
んけんで。鬼きめで。一回ごと？　数回ごと？

★　ポイント③

　手をつなぎ円を作る。いつもは右向きか左向きか，進む方向に身体を向け
てまわります。でも，この遊びは，進む方向でなく，円の内側を向いて横歩
きで走ります。この遊びも，子ども同士の時は，どんどん速くなっていくで
しょう。危ないと思った時は，まず周りの危ないものを，移動して安全を確
保しましょう。その行為を見て，子どもたち自身が気をつけるようになると，
うれしいですね。

⑷ **昔遊び**（**身体の様々な機能を開く**）

※理論編 p.99〜103

　昔遊びとして，取り上げたのは「わらべうた」という集団遊び，と少し異なる世界です。主に，身体的な発達を促す遊びです。各部位の分離に必要な動きや，柔軟さ，器用さ，動きの敏捷さ，などを身につける，子どもたちの無意識の要求・欲求の遊びです。身体のそのような動きは，何度も繰り返すという訓練を通して，身につくものですから，その繰り返しを楽しくするべく，歌が伴うものが多くあります。と同時に，技術的な動きですので，易しいものからだんだんと難しい高度な技術的なものまで，あります。私たち日本人の民族的な特徴として，手先の器用さがあげられますが，おそらく幼い時からの多くのこのような遊びを通して，脳の中に育まれてきたものでしょう。

　ただ残念なことに，近代化によって，また子どもに対する意識の変化によって，これらの遊びの多くが廃れていき，日本人の器用さは失われつつあります。

　一昔前，子どもは育てるものでした。今は子どもは教育するものになってしまいました。日常生活の中で，不便であった家事の多くを子どもたちも担っていた時代は，自然に身体の分離や訓練がなされていました。また，今のような高度な玩具などがなかったので，身近にあった自然の植物や，残り物の紐や布・木切れ・紙などを用いて，自分の手で玩具を作ったりしたことが多かったのです。

　自分自身の身体を通して，五感は開かれ訓練されていたので，学童となって習う学問は，すっと体感したことと言葉とがつながっていったのではないでしょうか。いま，子どもたちは体感するよりも前に，身体が開かれる前に，多くの知識や情報をすりこまれ，身体が堅くなってきています。できるだけ，身体を使って遊ぶことで，身体を開き，五感を開きましょう。

		第一段階	第二段階	第三段階	第四段階	第五段階
1	手足遊び 手・指の認知と分離	1）手の開閉（両手・左右交互）				
		2）指あわせ（好きな指）	①ちっちここへとまれ	②コドモトコドモト		
		3）指さし（好きな指）	①いちずにずつく	②いっくたっちく		
		4）手遊び			①ひとやまこえて	②でんでらりゅーば☆
		5）おはじき		①おまわしおまわし		
		6）靴なげ				①ゆうやけこやけ
2	お手玉 握りと開き 手さぐり	1）投げ上げ ①いちじくにんじん		投げ上げ ②一匁の一助さん		
				2）投げ玉式 ③ひふみよー匁		3）突き玉式 ④おひとつおひとつ
		4）まわし 4歳2人組 ①おらうちの	4歳2人組 ②おしなん団子	小グループ ③おらうちの	10人程度 ④おしなん団子	10人程度 ⑤亥の子の牡丹餅
3	まりつき 手触り 肩腕の一本化	①両手つき 3歳　だるまさん	②あやめにすいせん	4歳②b あやめにすいせん ③ポパイの	④加藤清正	5歳②c あやめにすいせん
		2）片手つき			5歳⑤加藤清正 ⑥あやめにすいせん	⑦あんたがたどこさ
4	縄跳び 全身の統率		4歳 ①ケンケンパー	縄回し ②はなこさん	大人と跳ぶ ②はなこさん	
				大縄の跨ぎ止め ③大波（ひっくり）	大縄跳び ③大波（ひっくり）	

☆わらべうたによる合唱曲集 1（p.61）本澤陽一著　東京わらべうた発行

1 手・足遊び（手指の分離・意識化）

1） 手の開閉

　指を一本ずつ折っていったり，開いていったりする遊び。片手・両手・交互など。この手指の「握る・開く」こそ，昔遊び1・2・3の遊びの基礎，出発点です。類人猿から人間になった（道具を使いだした・道具を作りだした）出発点の，能力です。

★　ポイント

　1人遊びで，うまくいかない子には，①乳児②0・1・2歳の指遊びをしてあげましょう。大人がするだけでなく，子ども同士で，乳児の遊びをするのも，とても良い手指の認知の助けになります。

2） 指あわせ（右手と左手の意識化・5指の意識化）

『ちっちここへとまれ』　　　『コドモトコドモト』　　　『いちずににずつく』
　　　　　　　　　　　　　　　　　　　　　　　　　　　『いっちくたっちく』

① ちっちここへとまれ

　両手を，向かい合わせて，同じ指同士を合わせたり，動かしたりして感覚を開きましょう。よくできるようだったら，ちがう指同士もしてみましょう。
　右手・左手と親指・人差し指・中指・薬指・小指の言葉を添えて，見せて。

② コドモトコドモト

　同じ指あわせですが，掌の付け根を軽く合わせるようにして，向かい合わせの指先を，「コッツンコ」するようにします。指先の繊細な感覚を呼び覚まし，歌と共に指一本ずつをより意識化します。

3）　指さし

① 　いちずににずつく　② 　いっちくたっちく

● 　実践

ア）歌いながら，片手の指を，利き手の指で指していく。親指→人差し指→
　中指→薬指→小指→薬指→中指→人差し指→親指と２巡して，最後に親指
　を「すっぺらぽん」（「ふるがよい」）と３回指して終わります。次に，
　　４本で，人差し指→中指→薬指→小指→薬指→中指
　　３本で，人差し指→中指→小指→中指
　　２本で，中指→小指
　　１本で，小指　と指していきます。

イ）それができたら，左手の人差し指で右手の指をします。

★　ポイント①②

　　右左の区別が，瞬間的にわからない子が，意外と多いのです。右左と指の
名前を，きちんと言葉で伝えながら，遊びましょう。「右手の人差し指で指
しましょう」「左手の中指で指しましょう」などと。

　　自分の身体で左右の区別を知ることは，空間認知の第一歩です。前後・右
左を感じるのは自分自身の身体を基準にしていますから。そうやって，自分
の身体を意識できることは，命を大切にする第一歩です。

4）　手遊び（手指の分離と意識化・柔軟性）

『ひとやまこえて』　　　　　　　　　　　　　　　『おまわしおまわし』

きつねの型の裏と表

● **実践**

① ひとやまこえて（ひはちんがり）（自分の指で指を触る・手首まわし）

ア）左手の親指に中指２回＋薬指２回・右手の親指に中指２回＋薬指２回両
　　手に，キツネを作る

イ）右手のキツネの人差し指で左手キツネの小指を４回

ウ）左手のキツネの人差し指で右手キツネの小指を４回

② でんでらりゅーば（手の様々な形）

ア）左手の手のひらに，右手の指を順に置いていく（左利きの子は逆）

　　親指→人差し指と中指→親指と人差し指と小指→げんこつ，の順番

　　（２分の２拍子ですが，４分の４拍子で，遊びます）

イ）初めはゆっくり，慣れてきたら，だんだんと速くしていくと面白い。

ウ）上手になったら，逆の手でもしてみましょう。

５) おはじき（手指の機能を繰り返し使う）

① おまわしおまわし

ア）おはじきあて（いっちょぎっちょ）の苦手な子どもは，先ず１つのおは
　　じきをグルリと２回まわって，２本の指で跨ぐ「おまわし」で，遊ぶ方が
　　易しいかもしれません。

イ）できる子には，10〜20個でおはじき当てをして，最後の１個を「おまわ
　　し」をして「上がり」。１人遊びもできて，面白いでしょう。

６) 靴なげ

① ゆうやけこやけ（足指の機能を使う）

　ひっかけた靴をなげるお天気占い。表＝晴れ　裏＝雨　横＝くもり・雪
足じゃんけんもしましょう。

2　お手玉（手＝上腕・前腕・手のひらの自然な共動・全身の脱力）

　おはじきと並んで，手指の２大遊びです。これも，易しいものから高度なものまで様々ありますが，基本のお手玉上げの色々と，お手玉まわしはしましょう。

　① 『いちじくにんじん』
　② 『一匁の一助さん』

投げ上げ

③ 『ひふみよー匁』

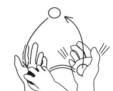

投げ玉式（2個）

④ 『おひとつおひとつ』

突き玉式

1）　投げ上げ（腕の一本化・全身の脱力）３・４歳

①　いちじくにんじん

　歌に合わせて，お手玉１つを拍ごとに投げ上げる遊びです。上腕・前腕・掌までを**一本に感じて肩から**前に伸ばし，投げ上げる。肘や，手首から動かさない。

＊両手合わせで上げる→利き手（右手）あげ→逆の手（左手）あげ→左右で
　交互あげ→利き手の表裏返しあげ→逆手の表裏返しあげ→時々歌に合わせ
　て，高く上げて受け止める。

　両手あわせでの投げ上げから始めて，できたら次の片手あげ，と段を上が
るように練習していきましょう。

②　一匁の一助さん

ア）両手のひらで，拍ごとに投げ上げます。一匁ごとに，歌の終わりで両手
　をひっくり返して両手の甲側で受け止めます。

イ）十匁までありますので，最後までお手玉を落とさないのが目標。勿論
　「目標」などと言わなくても，子どもたちは遊びだしたら落とさないこと

が喜びとなります。私自身は，とても不器用なので良く落としては悔しがります。だからか，安心して頑張ります。

ウ）ある程度皆ができてきたら，グループで円くなり一匁から始め，落としたら座っていき，最後まで残った人が勝ちです。でも「勝ち」とは言いません。最後まで残った子は，成功したことで，充分満足していますし，他の子たちも自然に拍手をしたり「すごーい」と言ったりして終わりです。座った子たちも，悔しがりながらも，座ったままで遊び続けています。私自身も落とした後，座って遊びます。自然に勝ち負けが目標でなく「できるようになりたい」と思うようになっています。

＊地方により多くの一匁の歌があります。よく知られた歌があれば，それで遊ぶ方が良いでしょう。ただ，一匁ごとの歌が長いと途中で落とすことが多くなり，「四匁できた」などという階段式の達成感が少なくなります。短めのもので遊びましょう。

2） 投げ玉式　4歳（左右の手の共動）
③　ひふみよ一匁

　歌に合わせて，2つのお手玉を，順に上げていく。基本のお手玉遊び。色々な歌で遊びましょう。

3） 突き玉式　5歳（手探り）
④　おひとつおひとつ（親玉1つと子玉3つ→5つ→10個）
● 実践

ア）歌に合わせて，親玉を上げている間に，子玉を順に取っていく。できたら順に子玉を，1つずつ増やしていっても良い。

イ）歌の終わりの「おさら」で，親玉を手の甲の方で，受け止めたり，子玉を落とす時に，親玉を握ったままで子玉を自分の手の上をくるりと跨いで落としたり，色々な遊び方ができます。

ア）親玉を上げている間に，下にある子玉を順に取っていくには，下をいち
　いち見ていたら，間に合いません。基本的に「手探り」です。手探り＝第
　六感＝第2の目＝手の目です。そして，「手の目」は，人間が原始の時代
　から使ってきたものです。

　　今も，手工芸（織物や陶芸など）に携わる人たちは第1の目より，この第
　2の目（手触り）の方が大切かもしれません。私はピアノを教えていますが，
　ピアノを触る初めのレッスンから，手を見ないで音を出すことを教えてい
　ます。手を見て弾きますと，肝心の音に対する集中力が欠けます。見ない
　ように意識すると，だんだん音がわかれば鍵盤が思い浮かぶようになり，
　手や指自体が感覚的に鍵盤の位置にいくようになります。そして，姿勢も
　良くなって，自分の音がより良く聴けるからです。せっかく与えられてい
　る人間の能力「手探り＝手の目」をしっかりと育ててあげたいものです。

★　ポイント②

　　子どもの手の大きさに合ったお手玉を，作ってもらいましょう。びっちり
　と中味の入った，俵型のお手玉は，乳児の時には良いですが，お手玉遊び
　には向きません。平らになる，4枚接ぎの適度な重みのあるものが，扱いやす
　く，つまみやすいでしょう。

4）　お手玉まわし（拍を自然に感じる力・拍にしたがって自然に動く手・
　余分な動きをしない身体）

①『おらうちの』　②『おしなん団子』
2人組

③『おらうちの』少人数グループ

左手固定

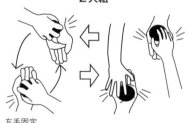

左手固定

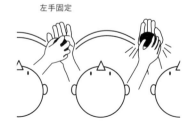

身体全体が，ごく自然体で，脱力できていると，とても楽で楽しい遊びです。皆が一つの流れの中で，お手玉をまわしていく，という緊張感とテンポの一致を要求される遊びです。でも，何時も一緒にわらべうたを遊んでいる仲間なら自然に，合わせていくでしょう。

　4〜5人のグループからゆったり目で始め，なれていきましょう。だんだん人数をふやしたり，テンポをあげたりと，それぞれの力にそって遊べます。でも，いつも最後は元の心地良いテンポで美しく終われると良いですね。

◆2人組　4歳

① おらうちの

● 実践

ア）まず，自分の好きなお手玉を選びましょう。（大人が配らない）

イ）2人組で，左手を固定して，右手で自分→相手・自分→相手と
　繰り返して，遊びます。相手のお手玉で終わります。そのまま，数回続けてもよいですし，1回でやめてお互いに食べて「おいしかった」と返しても良い。

★ ポイント

ア）自分でお手玉を選ぶことで，自分のお手玉と相手のお手玉の認識ができます。だからこそ，相手のお手玉で終わったことを認識できます。では，自分のお手玉で終わるには，どうしたら良いのでしょう？　となりますね。子どもたちと考えてください。

② おしなん団子

　2人組で，左手固定。右手で自分→相手・自分→相手と動かす。

★ ポイント

「どんなにおいしかったか」「どんなにおいしくなかったか」色々言い合う

のは，面白いですね。「硬い」と言われたら「どうしてだろうか？」「柔らかくするには，どうしたら良い？」などと話しが弾むと良いですね。
　お菓子作りの得意な親御さんに聞いたり，お菓子屋さんに，聞きに行ったり，環境認識などにつながっていくと，嬉しいのですが。

◆少人数のグループ
③　おらうちの
ア）丸くなって座ります。好きなお手玉を１つずつ選びます。
イ）自分の左手から，右隣の子の左手へと，拍ごとにお手玉をまわしていきます。
ウ）歌の終わりに，自分のお手玉が戻ったら終わり。

★　ポイント

ア）左手固定。右手で自分→隣　自分→隣と動かす。
ウ）「おらうちの」は短い歌です。慣れてきたら，何回歌ったら，自分のお手玉が戻ってくるか，数えてみましょう。人数が減ったら，どう変わりますか？　人数が増えたらどう変わりますか？

◆10人程度のグループ
④『おしなん団子』　⑤『亥の子の牡丹餅』10人程度のグループ

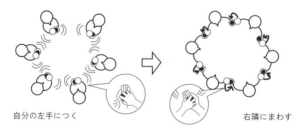

自分の左手につく　　　　　　　　　　　　　　右隣にまわす

④　おしなん団子　　⑤　亥の子の牡丹餅
ア）「おらうちの」と同じように遊びますが，歌が長いので，皆が確実にお隣にわたさないと，頓挫します。「おしなん団子」を２人組で遊んでいた

ら，歌が良く歌えるので，手の動きに集中できて易しいかもしれません。
そうやって，手の動きがなれてから，他の歌を始めた方が，易しくできる
でしょう。

3　まりつき

1)　両手つき

① 『だるまさん』　　　　　　　　　② 『あやめにすいせん』

丸くなって座り
自由にマリを転がす

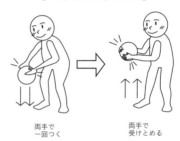

両手で
一回つく　　　　　　両手で
　　　　　　　受けとめる

③ 『ポパイの好きな』　　　　　　　④ 『加藤清正』

両手で歌にあわせてつく　　　　　「どん」の時に隣に渡す

①　だるまさん

ころがし：丸くなって座り，うたいながらあちこちに転がす。両手で返す。

受け止め：丸くなって座り，来たボールを両手で一回受け止めてから，返す。

②　あやめにすいせん

両手つき：a 終わりの「かきつばた」の時，突いて受け止め，を２回する。

　　　　　　→b 両手で，突く・受け止めの２拍一組で４回突く。

　　　　　　→c 両手で，繰り返し突き続ける。

③　ポパイの好きな
両手つき：突く・受け止めの２拍一組で突く。

④　加藤清正
両手で２拍突き（突く・受け止め）して，「どん」の時に他の人に渡す。

2）　片手つき

⑤『加藤清正』　⑥『あやめにすいせん』　　　　⑦『あんたがたどこさ』

右手でつく　　　　　　左手でつく　　　　　　　片手つき
　　　　　　　　　　　　　　　　　　　　　　　「さ」のところで他の人に渡す

⑤　加藤清正
片手で拍つき→休符ごとに両手で受け止める。

⑥　あやめにすいせん
片手で拍つきで，続ける。

⑦　あんたがたどこさ
「さ」で人に渡す→拍ごとに突いていく。

　初めの頃は特に，できるようになっても，うまく突けないことは，いっぱいあります。そんな時，歌をやめません。動作が止まった時に歌をやめると，子どもたちは，歌の初めからしか始めなくなります。つまり，何度も不成功体験を繰り返し意識することになります。

　歌い続けていたら，ボールを拾って途中からでも突きだします。「歌の途中からでも，始めることができる」という意識は大切です。大人は，ひたすら，歌ってあげましょう。できないうちは，なかなか歌えません。できるようになれば，自然に歌いだします。

4　縄跳び

『ケンケンパー』

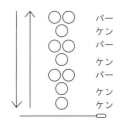

『はなこさん』

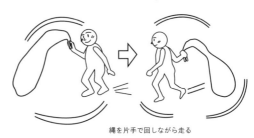

縄を片手で回しながら走る

①　ケンケンパー

ア）ケンケンパーの遊びは，行って戻ったら，平らな石を手前の○に投げ入れ，石のあるところは跳ばずに行き，帰りに石を取って戻る。バランス崩さずに石を取って戻れば，次の○に石を投げて，行って，取って戻ります。何人かですると，あちらこちらに石があり，跳ぶのも，取るのも大変になってきます。でも，楽しい遊びですし，体幹やバランスをつけるのに良い遊びではないでしょうか？　ただ，幼児にはちょっと難しいでしょう。ただ上手に行って戻るだけでも良いでしょう。何度も跳んでる間に，リズム良く跳べるようになり，しっかり着地でき，足の開きの幅が安定するだけでも，縄跳びの準備として，良いと思います。

イ）簡単にできた子には，何回往復できるか，も良いですね。また，印になる小石か何かを，順に○に置いて，そこは避けて跳んでいく。戻れたら，次の○に印を動かしていく。と元の遊びを，易しくして，遊ぶのも良いでしょう。

②　はなこさん　一人縄基本

歩き・走りながらの片手縄まわし→大人と跳ぶ→（後ろ跳び）→前跳び

ア）子どもは，ひたすら縄をまわしながら，走ります。片手ずつで，両手をします。合わせて大人が歌ってあげ，覚えたら子ども自身も歌いながら走

りましょう。

イ）大人と向かい合って両手をつなぎ，歌いながら跳び続ける。手でタイミングを合わせて跳ぶのを手助けする。

ウ）タイミングが取れてきたら，縄跳びで一緒に跳んであげましょう。

エ）１人で，歌いながら跳んでみましょう

『おおなみ』

跨ぎとめ

『おおなみ』

ゆらしを跳ぶ

③　おおなみ　大縄

基本：縄なし歌い跳び→a 大縄の跨ぎ止め→b 大縄ゆらしを跳ぶ
　　　→ゆらしの出入り

上級：揺らしからまわしに入る→大縄まわしを跳ぶ→２人で跳ぶ

（5）　**鑑賞曲**（美的体験・民俗の継承）　演習・実践・ポイント

※理論編 p.103〜105

　シンプルで美しいものを提供しましょう。子どもたちの身近なものから，未知の世界まで様々な世界を，歌や言葉や絵，時には美しい小物や人形を用いて，紹介しましょう。

　子どもたちは，毎日の生活を捉え直したり，言葉の面白さや美しさに気付くでしょう。また，植物や動物の世界，日本の昔の社会や人々，広い異国の世界，を知ることができると同時に，大人である私たちも，知らなかった世界に出会える機会になることでしょう。子どもたちに，より良い形で伝えよ

うとする工夫を通して，私たち自身の内にある思いや大切なもの，気付かな
かった自分の美点を見つけるかもしれません。

＊鑑賞の時間（曜日や時間帯）を決める

＊鑑賞をする場所（子どもたちが，外の環境に気が散らず集中できる場所）
　を決める

＊鑑賞に使った本や小道具を，飾る場所を作りましょう

　（触りたい子だけが，ちょっと背伸びして届くような特別な棚や場所）

＊一度に，最低3回は繰り返して歌い（唱え）ましょう。心にのこるように
　（乳児編 p.31）。

	3歳	4歳	5歳
鑑賞曲	乳児・年少編・0・1・2歳　3歳まめっちょ1　の　こもりうた	季節・行事・お話風の歌年中編　4歳まめっちょ1	物語風の歌　外国のわらべうたや短い民謡数え歌まめっちょ1（全音楽譜出版社）

鑑賞曲	（こもりうた）ねんねこせおんぼこせ （季節）お正月は良いもんじゃ　梅と桜と （物語・お話風の歌）ひとやまこえて　くもはあっぱい 　　　　　　　　　　　　けーばいけーばい （数え歌）ひとつひよこが　＊ひとつひよどり ＊以外は『まめっちょ1』全音楽譜出版社

準備

＊声に出して歌う：好きな歌を探し，助け（人や楽器）を使って練習する。
　言葉や物の名前を調べて，不安や疑問を解決しておく。

＊集中や想像を助ける：小物・絵・写真・人形・見立てのお手玉・布・積
　木・紐・カップ・入れ子箱・折り紙・木の実・葉っぱ・小籠等を見つけて
　用意。

① ねんねこせおんぼこせ

＊まめっちょ1（全音出版社）には，多くのこもりうたが出ています。その中で，この歌は具体的に名前を呼ぶ部分がありますので，ファンタジー遊びの時や，子育て支援などの時に一人ずつ名前を入れて歌ってあげます。どんな子も，思わずニッコリしたり，てれたりします。保育の中でも，毎日2〜3人ずつ順番に歌ってあげたりしたら子どもは待ち焦がれるでしょう。自分だけでなく友達の名前を先生が呼ぶことも喜びとなるでしょう。勿論，この時は小物はいりません。その子の寝ている（つもりの）姿をしっかり見ながら歌いましょう。

② お正月は良いもんじゃ
（他にお正月えーもんじゃ等お正月の歌はいくつもあります）

＊これは，道具なしで仕草をつけて歌います。「ちゃんちゃんと〜」は両手で羽根を突く仕草。「雪のような〜」ご飯を食べる仕草「氷のような〜」はお餅を噛んで伸びるように両手を前に「油のような〜」はお猪口で飲む様子「鉄砲のような，屁をこいて」は「へ」のところで後ろに手をやっておならの音をみせます。子どもはびっくりしたり，喜んだり。でも，今は「屁」という言葉を知らない子もいました。

＊2・3度歌った後，「何故，お正月に屁がでるのかしら？　何故屁がでるのが良いことなのかしら？」と必ず聞き，一昔前（私の子どもの頃までは）普通「毎日お腹いっぱい食べることは，少なかった」こと。もう少し前は，お正月は，年に一度の白米（日頃は麦・粟・稗・芋）や米の餅（日頃は黍団子など）を食べられる日，おならが出るほど食べられるうれしい日であること，などを話します。

＊学童の子には，明治大正くらいまでは，口減らしのために，10歳くらいから奉公に出たりする子がいたことも話します。

③　梅と桜と

＊綿入れの梅と桜の花を，両手に持って歌う。宙に浮かせず脱力した手を膝
　に置き，花をのせて，それぞれに注目しながら，「梅のながめ〜」からは，
　梅だけを見て歌う。「ほーいほい」で両手ともクルリと円を描いて，元の
　位置に戻り，また歌いだす。

④　ひとやまこえて
　（3歳〜）

＊緑や黄緑のシフォンを山に見立てて，動物のお手玉人形を使う。

＊自分の右側を狸の家と見立て，左側から動物たちが遊びにくる設定。

＊動物の移動の時，決して空中を飛ばないこと。すごすごと帰る時も黙った
　ままで，長く感じるかもしれませんが，元来た道を，きちんと方向転換を
　して帰りましょう。子どもにとっては，生きている動物です。すごすごと
　帰る，その兎や狐の心を一緒に体験しているのです。歌っている時に，そ
　の動物になって歌ってこそ，子どもは心を寄せて見て聴くでしょう。

＊訪ねてくる動物お手玉は3体〜5体用意しましょう。テーブルにシフォン
　を敷いても良いし，床に座って両膝を山に見立ててするのも良いですね。

⑤　くもはあっぱい
　（4歳〜）

＊赤い夕焼け空の山里の，絵や写真
　私は秋の山里の絵が描かれたハンカチを，いつも使っています。

＊天然の染色素材の赤は，とても貴重で高いこと。紅花の棘のこと。早朝若
　い女の人たちが摘むこと。初めの黄色を何度も水で流して紅色が出てくる
　こと。大量の花びらから，ほんの少ししか取れないこと（茜の根も赤色を
　取れる）。紅い服など一生一度買ってもらえるかどうかわからないほど，
　高価だったこと。どんなに憧れの色だったか。

＊昔は，何年に一度お正月に新しい着物を買ってもらえる程度だったこと。

年に一度か数回，よそ行きとして使い，肩上げや腰上げを下ろしながら数年着て，普段着にしたこと。傷んだら，布団生地に，柔らかくなったら赤ちゃんのオムツに，汚れたら雑巾に，ボロボロになったら焚きつけに，灰は畑の肥料に，と物を使いきったことも話します。

＊だからこそ夕焼けの赤は，子どもにとって，どんなに憧れでうらやましかったのか，と子どもたちは感じることができます。そして，両親がいず，夕方１人で祖父を待つ心細さ等を感じながら，歌います。

⑥　けーばいけーばい

（５歳〜）

＊「けばい」という言葉が流行った時，新しい若者言葉と思っていたのですが，もともとあった言葉なのだと，この歌に出会って知りました。「おしろいけーばい，べっかとつけて」では白粉をベッタリとつける様子。「くちべにさいて」では口紅を両手の人指し指で交互につける仕草，「頬紅さいて」は両頬を両手で丸く描く。「いっぱいすいましょ」で，器を両手でつくり，「すーすー」でお汁を吸う仕草，二杯目も同じ。「お手手をたたいて」で手を叩き，「騒がんせ」ではさわぐ仕草。とほんの少し仕草を加えると，わからない言葉も，なんとなくわかってきますし，なんとなくユーモアを含んだ歌であることもわかるでしょう。

＊５歳クラスでは，このように物語性のある歌も少しずつ歌いましょう。自分なりにその物語を捉えて，キーワードとなる小物を１つ持って歌うだけでも，ちがいます。そんな時，どこを見て歌いますか？　ほとんどの場合，膝の上に置いて脱力した手の上や，膝の上に置いて，そこを見つめて動かすことなく歌うだけでも，充分です。と言うより，その動かないことで，耳が最大に開かれ心静かになって歌が「すーっ」と入っていきます。そのまま，３回歌い続け，静かに片付けて終わります。

＊基本的には，手の届かない所にしまいます。２度か３度同じものを重ねて聞かせ，最後の回が終わった後に決めた場所に置いて，子どもたちが触れ

るようにしましょう。小道具があると，記憶が呼び覚まされ，物を持つことで緊張が和らぎ，子どもの心の中に残っていた歌が，口に上ってきやすくなるでしょう。子どもが，再現して歌っている時には，一切かかわりません。そこで，出てきたものは，「その子自身の歌」ですから。正しい再現を求めて，訂正や修正などするのは，愚の骨頂です。そっと，気付かれないように，耳を傾けましょう。素敵だな，と思ったら書き留めてあげましょう。担当が替わった時，卒園の時などに，プレゼントしてあげましょう。

⑦　ひとつひよこが

（3歳〜）

＊1から10までの，登場する人や動物の絵を描いたカードを作り，1枚ずつ捲りながら歌います。

⑧　ひとつひよどり

（5歳〜）

＊図鑑などから，各鳥のカラーコピーを作り，厚紙に貼るかラミネートにするか。可能なら，各鳥の大きさに拡大する。大風呂敷に入れておいて，一枚ずつ出しながら歌う。それを，見ながら2回くらいは歌いましょう。最後はしまいながら歌う。

(6)　文学（詩・語呂合わせ・絵本）　演習・実践・ポイント

　　　　※理論編 p.105〜110

（美的体験・物語による疑似体験）

①　決める

＊鑑賞曲と同じく，時間・場所を決めましょう。鑑賞曲と同じ場所が良いでしょう。

② 舞台をつくる

＊布・ついたて・いす・机などで，その空間を舞台と感じられるようにしましょう。

③ 聴く助け

＊何度も声に出して，言ってみましょう。自分のイメージを絵にかいたりして，自分自身のお話にしましょう。変化する話なら，どんな色に変わるのか，変化前と変化後の２色を塗ってみて，それを見ながら言ってみましょう。イメージを喚起するような小物があれば，それを使いましょう。

＊子どもたちに披露した後も，次の年にもまた同じものをしてみましょう。そして，味わい直し，楽しみましょう。ひょっとしたら，ちがう印象になっているかもしれません。そんな楽しみもあります。

＊使う小物は，実用的でなくても美しい物を。無駄のないシンプルなもの。でも心を満たしてくれる物を捜しましょう。それこそ文化です。母親の抱っこは，無駄なくシンプルです。実用的ではなくても，心を満たすものです。そんな物を，日頃から見つけておきましょう。

	3歳	4歳	5歳
語呂合わせ 詩	乳児編・0・1・2歳 年少・3歳　ぐるぐる話 等	年中・4歳 「ぺろりんきゅう」 「ししの子は」 ブリ・ブラ・ブル 重ね話	年長・5歳　数え歌 「ミルクをのむとぼくになる」 「ちいさいはなびら」

語呂合わせ 詩 ミニ・シアター	(自然) 赤い鳥小鳥　いししいしおきよ　お月さん (赤いまんま) 親亀の上に　こうやの水は (生物) からすとすずめは　ふなの子は　ちょうちょちょうちょ 　　　　やすべーじじーは　昔まっこう　あんよなげだす (季節) お正月はくーるくる　正月三日に　ひとつひばしで 　　　　にわか雨だ　ちいちゃな風は　ころりやころりや 　　　　こんこん小山の　ばんけばんけ (生活) 赤い袋に　おなかがすいてた　めめぞが三匹 　　　　ひとつひとより大きい頭　ひとつどんぐり　おやすみあかちゃん (数) しんこうじ（3）　いちじくにんじん　いっぷくたっぷく（10）

④

ア）　語呂合わせ・詩の例

　これは，正解ではありません。参考です。考えのヒントにしてください。何もなしで語るのも素晴らしい。しかし，子どもたちはまだ体験してないことばかり，美的でシンプルなちょっとした小物，ちょっとした仕草がヒントとなって言葉の意味を想像でき，より楽しめます。心に言葉が入っていく手助けをします。言葉を思い出す，手助けをします。

　言葉が主役，小物も仕草も，脇役。遠慮がちに小さな動きで。それで充分，子どもたちの集中と開かれた耳は育ちます。

（自然）

①　**赤い鳥小鳥**

＊森や林を連想する大判のハンカチか布　折り紙の小鳥３色

＊緑の風呂敷程度の布と，布製の鳥（鍋つかみ）３色

　小鳥を見ながら，問い答える。（フェルト刺しの小鳥なども）

②　**いしいしおきよ**

＊「親指ねむれ」をして握った子どもの手を，両手でしっかり包み込んで唱える。「はよおきよ！」で両手をパッと開くと，子どももパッと開く。

③　**お月さん（赤いまんま）**

＊赤と白の柔らかい布製の，綿を入れた小さなお饅頭のようなものを両手に１つずつもち，「赤いまんま」「白いまんま」で見せながら唱える。

④　**親亀の上に**

＊重ねカップ４個を２組重ねながら，さしながら，見ながら，唱える。下から順に取ってひっくり返し重ねて収めながら，唱える。

⑤　**こうやの水は**

＊手で川のながれを見せる。自分の身体の左奥から前に，一度身体の方に戻って右前の方（海）に流れこむように。

＊水色のやわらかい布を，動かしながら唱える。

（生物）

① **からすとすずめは**

＊大きめの折り紙，色画用紙などで，からす（黒）とすずめ（茶）の大小の鳥を折って使う。唱える時にそちらを見る。

② **ふなのこは**

＊「かあさんのふところに」で母親が，子を抱き寄せて頬摺りするように。

③ **ちょうちょちょうちょ**

＊黄色い小さめの柔らかいハンカチか，布。真中を寄せて２本の指で持ち，後の指は握って目立たないようにする。羽に見えるように，細かく動かしながら上から降りてきて誰かの肩に止まり唱える。また飛んでいって止まって唱える。

④ **やすべーじじーは**

＊狸のぬいぐるみがあるなら，自分の前に出して立たせて，「うんぽんぽん」の唱えの部分だけ少し動かす。動きが大きかったり，多すぎると，言葉の面白さが入っていかない。

⑤ **昔まっこう**

＊猿のぬいぐるみ一段ずつ左右に少し揺れ，「まっかいしょ」の「しょ」でくるりとまわってお尻を見せる。

⑥ **あんよなげだす**

＊布製のお猿のぬいぐるみ。言葉の動作やしぐさを，ゆったりと見せてから，唱える。今，お猿さんの動きを見ながら言っているように。子どもたち自身が，お猿さんの動作を確認した後に，その言葉を添えるように。

（季節）

① **お正月はくーるくる・正月三日に**

＊言葉に合った，ちょっとしたパントマイム

② **ひとつひばしで**

＊飾りお手玉（球形の綿入れを，４辺の座布団様の薄い綿入れで包んで飾り

止めしたもの）を10個，丁度入る飾り箱（重箱のように）に用意する。
「ひとつどんぐり」と同じように，布を広げ，横並べ，指し，しまい，目
で追い，布を畳んで終わり。

③　にわか雨だ

＊ちょっとした積木などを配した所を，2本指で歩く人形がはしり，止まる。

④　ちいちゃな風は

＊「入り込み」「道聞いて」「でてきたよ」など仕草をつける。「おんぶして」
では片手を片手の上に乗せて，スーと上に上げ，後は手は下ろすが，視線
は空を見たまま。

⑤　ころりやころりや

＊言葉をしっかり言うだけでも良い。人形を抱いて言う。「この子」に名前
を入れて，その子を見ながら言う。紙紐や，枯れ草で編んだ虫を，1つ置
いて唱える。竹ヒゴで編んだ虫籠などあったら，最高ですね。

＊是非この時，秋の七草の写真や絵など見せましょう。勿論，大人が協力し
て，本物を探してきて素朴な花瓶に活けてあったら最高ですね。

⑥　こんこん小山

＊軍手の指人形。目は赤いもので。動きを大きくしすぎない。兎自身が語っ
ているように，子どもを見つめているように。

⑦　ばんけばんけ

＊「こも〜」「ござ〜」「むしろ〜」かぶって寝る仕草を繰り返す。百科事典
などで，稲藁で作られた生活用品を知りましょう。昔の人たちが，どんな
に工夫をして様々なものを作っていたか人間の知恵の豊かさを知る良い機
会です。

（生活）

①　赤い袋に

＊赤と緑の柔らかい布（裏地など）を4つ折りくらいにして膨らみをもたせ，
四隅を束ねて袋のようにして，左右の手で持つ。

＊それぞれの袋を見ながら言う。「あなたにあげようか？」の時は，１人の子の目を見て，問う。「うん」と言っても，「いや」と言ってもにっこり笑い返して，それを受け止める。しかし，勿論物語なので，そのまま直ぐに，「赤い袋に〜」と始めて，続けて繰り返す。人数が少なければ全員に，多ければ幾つかの領域に分けて，その中心辺りにいる子を代表として，「あなたにあげようか？」を問う。

② **おなかがすいてた**

＊「たべちゃった」「のんじゃった」「ねちゃった」はそれぞれの，動作をする。「夢みちゃった」は寝た動作のままで良い。

③ **めめぞが三匹**

＊カラーの髪どめの丸いゴム。織り方の異なる３種類を各赤白黄。朝・昼・晩と色違いを唱えながら縦に並べる。３種類３列並べ。２度目は見ながら，３度目はしまいながら唱える。４度目は，並べた位置を指しながら唱え（内的聴感），布を畳む。

④ **ひとつひとより大きい頭**

＊まわりに集まった子どもたち１人ずつの前に行き，頭の天辺から下に向かって両手で大事にくるむようにさすりながら，唱える。同じ子たちに３回繰り返す。その10人のみ。「そんなあなたが好きよ」と伝える詩なので，その時はその10人だけ。次の機会に次の10人にする。

⑤ **ひとつどんぐり**

＊大小・種類・形などが異なる10個のどんぐりを，籠か箱に用意。ほどよい大きさの布を畳んだものを先ず開いて広げ，言葉のイメージに合うのを１つずつ，横一列（子どもから見て左から右）並べながら唱える。２度目は指して（どんぐりは触らず）３度目はしまいながら，４度目は並べた位置を目で見ながら唱える（内的聴感）。布を畳んで籠（箱）にかけてしまう。

⑥ **おやすみあかちゃん**

＊黒の色画用紙に，包み紙・折り紙・布などで貼り絵をして，紙芝居のように一枚ずつ捲りながら唱える。

（数）

① **しんこうじ**

＊３つのお手玉で，唱えながら左右の往復。その次には，右から左，斜め前，斜め後ろに進んで三角形を描き出発点に戻る。３つのお手玉の動かし方は乳児編（p.130）を参考に。

② **いちじくにんじん**

＊内側にネルを貼った，本がたの物を用意。それを開いて，洋服の芯地にかいた野菜を貼りながら，指しながら，はがしながら，貼った所を見つめながら，と４回唱える。４回目，無いものが見える，無いものを記憶によって見る＝内的聴感が大切。

③ **いっぷくたっぷく**

＊色々な形の積木10個や，子どもの手で握れる様々な小石10個。佐賀では「つみにっか」という様々な形の木のブロックを使っています。10の数の概念と多様性を，感覚的に視覚的に見せます。「つみにっか」のように，一つ一つが個性的な10個の時は，横一列右から左へ（子どもから見て左から右に）並べながら唱え，指し，仕舞い，並べた後を指差し，の４回で終わりにしましょう。一つ一つが，あまり個性的でない時には，（１）鬼きめの10の数を参考に様々な並べを見せても良いでしょう。

イ）　外国の短い話

＊「ミニ文学」として取り上げられている短いお話が，一番初め出版された「新訂わらべうたであそぼう」のシリーズには，多く出ています。乳児・年少・年中・年長それぞれに，どのような道具でどのように見せるか，描かれています。日本のものは，書かれている年齢そのままに取り上げます。日本人ですから，日本人としてのアイデンティティを育てることが基本ですから，日本のものはその年齢にキチンと手渡しましょう。

＊でも，外国のものは，乳児のものは年少に，年少のものは年中に，年中のものは年長に，と年齢を遅らせて，是非いくつかは紹介しましょう。

＊幼児の間は外国のものを，あえてする必要はない，という考えもあります。ただ，そう思って日本の物語ばかりしたクラスと，外国のものも取り入れたクラスとは，思考形態が異なるように感じたのです。良く似た話であっても何かがちがい，受けとる感情も異なるように思います。日本語に翻訳されていても，異なる回路を刺激し，異なる裏づけの仕方で結論をだすように組み立てられているようです。日本的思考形態と，外国的思考形態と，両方を，丸ごと受け入れる3歳の後半から体験しておくことは，後の様々な思考形態を容易に受け入れる基盤となるようです。

＊保育園や子ども園，幼稚園などで，計画的に文学の分野をとりあげている所では，わらべうたの分野でとりあげる必要はありません。ただ，文学を絵本を読むだけですましている園や，音楽教室では，必ずとりあげてほしい分野・課題です。

＊クラシックを学ぶ音楽教室では必須の思考形態です。特に，コダーイの音楽教育の基本的な組み立て方，音楽を丸ごと受け入れることと一緒に，理論的に分類・分析し，一つずつ積み上げて全体を捉え直す。それに基づいて，より深い感情や表現を明瞭にしていき，心に残していく。そんな思考形態とつながるものだと思います。

ウ）　絵本

＊読む前に，一度目を通して，どんな物語か，どんな人物が出てくるのか，どんなテーマなのか，などを捉えておきましょう。好きな言葉や気に入った箇所などあったらうれしいですね。でも，声を出して読むのは，子どもと読む時の楽しみにとっておきましょう。

＊子どもに語りながら，自分自身も一緒に声を通して物語を聞きましょう。物語の世界に入って，心を動かされながら読みましょう。でも，不用意な感想や言葉は出さないようにしましょう。丸ごとその絵本だけを提供しましょう。読んだ後は子どもが手に取れる所に置きましょう。子どもが，読んでほしいといったら，個人的にも読んであげましょう。

絵本	3歳	4歳	5歳
昔話	てのひら昔話（長谷川摂子文）	様々な昔話絵本 日本の昔話（小沢俊夫再話） の読み聞かせ	日本の昔話（小沢俊夫再話） の読み聞かせ 外国の昔話の絵本
創作童話	日常生活を下地にした話 （主人公の生活の中のファンタジー） （動物の主人公）など	・短い絵本のシリーズもの ぐりとぐら・アンガス・くんちゃん マリーちゃんと羊・スモールさん フランシス・きたのもりから等 ・言葉遊びの本 ことばあそびうた・わらべうた それほんとう？	・シリーズものを，数回にわけて，聴く おひさまはらっぱ・いやいやえん・桃色のきりん・チムと勇敢な船長シリーズ ・人まねこざる・マドレーヌ等 ・外国の民話などの絵本 ・岩波少年文庫シリーズ
自然・科学 図鑑	食物　リンゴ・おにぎり 植物　たんぽぽ 身近な野草　等 身近な物を単独で知る本	植物の，季節による変化を知る 植物の成長を，辿る 生物の生態を知る （北の森からシリーズなど） 福音館の自然・科学・物語など	図鑑類 生物の生態 宇宙の入口 福音館の自然・科学・物語など

　一応，私の知っているお奨めの本を書き出しました。もっと色々あります。是非探してください。本は，裏表紙に〇歳より〇歳以上等と書いてあるのを参考に，探すのも良いでしょう。終わりのページに，第〇刷とあるのは，再販の回数です。回数が多いほど，読み継がれている本ですから，おやつでなく主食になる本だと思います。

　また地域には，読み聞かせを勉強している方たち，昔話の勉強会，図書館の司書の方，子どもの本専門の本屋さんなどがおられます。そんな方たちに，知恵を拝借するのも良いと思います。

第5章

課業について

⑴　課業とは，何でしょうか？

　わらべうたの課業とは，音楽を良く理解する為に，手助けになる何かの力をつけることなのでしょう。

1）　あなたは，なぜ音楽を聴きますか？
＊あなたの好きな音楽は何ですか？　何故その音楽が好きですか？
　元気になるから・穏やかになるから・明るい気持ちになるから・なぜかワクワクしてくるから・悲しい時それを聞くと泣けてきてすっきりするから，色々あるでしょう。どちらにしても，自分の心が動かされるからでしょう。
＊何故いいの？ときかれると
　「あの人の声がいいのよね」「柔らかくて透き通ってホッとするの」「あの声がいいんだよ」「力がわいてくるような」「何か突き上げていくような」「あのサウンドが，ワーと身体全体を包み込んで持ち上げてくれるようで」「あのピアノのコロコロと転がっていくような所，あの力強い和音」「あのヴァイオリンのスーとなだらかに上昇していくような音」「あそこで，ティンパニーが刻むあのリズム。あそこにくるとゾクっとするよ」
　様々な感想と，好きな音色や，好きな部分などが出てくるでしょう。歌の言葉，が心に響くのよねという人もいっぱいいるでしょう。

2）　音楽は，心動かされる喜び！
　聴く時には，それぞれ演奏されるその音楽に，共鳴し共感し，というよりも自分自身がその中に入りこんで，自分自身の自己表現として，一緒に歌い，演奏しているような体験をしているのでしょう。自分で歌い奏でる時は，心の中の様々な感情を音にのせて吐露するのでしょう。心動かされるところに，音楽は存在するのです。
　それを，手助けするには，何をしたら良いのでしょう。心動かす種を捜し，その種を育てる。共鳴し共感する心を育てる。心を動かす種である，五感を

いっぱい使って，いっぱい開いて，歌い遊ぶこと。

　「わらべうた」を，身体を使い心を開いて，無我夢中になって，歌い遊ぶ中で，音楽の根っこである，永遠に続く一定の動き，拍動に出会う。その心地良さ，命！　その一定の繰り返しの上に乗っかって，自由に遊ぶ言葉たち，そのリズム！　それらを，彩る緊張や弛緩，喜びや哀しみ，驚きや賛嘆，知恵や愚かさそれらの全てを，身体と心と思いとで，1人の人間として受け止める。

　それは，やがて与えられる知の世界を，しっかりと受け止める準備。それが，幼児の時代の大切な，課業ではないでしょうか。

(2)　幼児の課業一覧表

	課題	3歳	4歳	5歳
遊びの中で遊びとしてするべき課業	①拍感 ②内的聴感	①②全ての遊びで体感する	①②全ての遊びで体感し，意識化へ	①②全ての遊びで意識をもって体感し，その楽しさ喜びを知る
遊びを豊かにする時　自然に行っている課業 イメージする・演じる	③大小 ④早い遅い ⑤高低 ⑥音色	ファンタジー遊びの中で 山登り・舟こぎ・お祭り・行事・弁当作り・収穫・ごっこ遊び・役交代等	しぐさ遊び・練り歩き・回転・役交代の人当て・交互唱・問答つき・子とろ　等	門付け・回転・走り・ 2人組・二重輪・役交代・交互唱・複数鬼 勝負の代表戦・門くぐり・子とろ　等
歌うと 歌と共に遊ぶ課業 （わらべうたカルタを使って）	⑦歌う ①拍感 （拍叩き＝膝叩き） ⑧リズム （言葉叩き＝手叩き） ⑨形式感 （モチーフの交互唱）	3歳後半から ・皆が楽しく遊べた曲を，カルタを見ながら歌う ア）1日目皆で イ）2日目皆で歌った後グループで	第一段階 ・よく遊んだ歌を歌う ア）皆で イ）グループで ・カルタを見ながら何曲かを続けて歌う ア）皆で イ）グループで	第三段階 ケ）膝叩きしながら，大人との交互唱（言葉・音声） コ）手叩きしながら，大人との交互唱 第四段階 カルタうたい（カルタ取り） ケ）膝叩きしながら，

	⑩多声 （歌＋◯）	・大人なしでしっかり遊んだ「遊びのカルタ」から、「自分の歌」として，カルタを見ながら，誇らしく楽しく歌う	第二段階（二学期以降） カ）膝叩きしながら歌う キ）膝叩きしながら音声歌い ク）手叩きしながら歌う	子ども同士で交互唱 （言葉・音声） コ）手叩きしながら子ども同士で交互唱
次のステップ⑧⑨の準備としてする課業	モチーフの真似っこ遊び ⑤ サ）音替え ⑥ シ）言葉替え		遊びの中での，部分的言葉替え	5歳後半のみ モチーフの替え歌 サ）同じ言葉で音のみ替えて真似っこ歌い シ）同じリズムで，言葉のみ替えて真似っこトナエ叩き

　これは，乳児からわらべうたをしてきた子どもたちの課業の予定表です。5歳児で，言葉少ない大人の動きの先に何が始まるかを，予想できるように遊んできた子たちの，課業です。

　基本的には，第三段階までで，充分です。遊んだ全ての曲が，思い出され歌いだされ自然に身体が動きだすような子どもたちに育っていれば，学校に行って新しいお話や歌が，自然に入っていくでしょう。まるごと！　それで，充分なのです。遊びが充分できなかったから「課業だけでも」と課業をすることは，ありえません。「わらべうた遊び」の上の課業なのですから。

⑶　幼児の課業

1）　遊びの中で，身についていく課業

①　拍感

　遊びの中での，全てのしぐさ，全ての歩きはある意味拍感の課業といえます。そして，その心地良さこそが，わらべうたを，楽しく，美しくする基本です。

② 内的聴感

　遊び，遊び，遊びこみ，子どもたち自らが，自然に遊び歌いだす。これこそ内的聴感がついた証拠。というより，子どもの身体の中，心の中に，その遊びが住み着いたことです。そうやって，**住み着いた歌を持っている子たちは，新しい歌が住み着く「通り道」ができる**らしく，とても早く言葉も歌も覚えていきます。頭で覚えるのでなく，身体と心を通して丸ごと覚えるので，学童になって新曲を「5回で覚えてね」と言うと覚えてしまいます。住み着いた歌が無い子は，そういう道ができるまでは苦労しますが，できたらとてもスムーズに，心の中に届くようです。心の中で歌える，聴きながら一緒に歌える，内的聴感とは，こういうことではないでしょうか。そして，**その力は，自分の心から，声を出して歌い，身体を精一杯使って遊ぶことで，ついていくようです。**

2)　遊びを豊かにする時，自然に行っている課業
　　　—3歳（ファンタジー）から，5歳までの全ての遊びの中で—

③ 大小

fff　ff　f　mf　mp　p　pp　ppp　＞　sf.　sfz.　fp　＜　＞

④ 速い遅い

Lento　Largo　Adagio　Andante　Moderato　Allegro　Vivace　Prest

　音楽の中に出てくる，様々な記号を書き出しました。ごく基礎的なものだけです。でも，その数の多さに驚きませんか？　クラシックの主なものだけで，これだけあります。他のジャンルを入れたら，目がくらむほどの数になるでしょう。それほど多種多様なちがいがあります。そして，同じ印，記号であっても，曲によって，演奏者によって異なってきますし，聴く人によっても受け取り方がちがってきます。

　それが，音楽であり，音楽の面白さ，素晴らしさなのです。

このように，多種多様なものをたった２・３種類の私の声で，比較することができますか？

⑤　高低

　白鍵盤52本，黒鍵盤36本。皆さんに一番身近なピアノの鍵盤数です。西洋音楽の中に出てくる音だけで，これだけの音の高低の種類があります。そして，この88種類の音が，５線譜という楽譜で表されています。それで，同じ楽譜の音は同じ高さと，思ってしまいます。

　ところが，耳に聞こえた時，楽器によって，その曲によって，演奏者によって，微妙に，時にはまるで違う高さに感じてしまいます。自分の好きな歌など，歌い手によって随分ちがうように聞こえてきませんか？　それが，音楽なのですね。

⑥　音色

　奏される楽器や声に，上記の③大小④速い遅い⑤高低が加わって，音色は出てくるものです。表現しようとする心がある時，大小も速い遅いも高低も，ごく自然に決まってきますし，どんな声色か，どんな楽器が良いかも，自然に決まってきます。それに，役交代の人当て。その中の声当ては，まさにこの音色の違いを知る課業そのもの。多くのクラスの友達の声を言い当てる子どもたちの耳の素晴らしさ！　③④⑤⑥全ての要素を含んだ，複雑な友達の声が，わかるのですから。声当ての遊びを楽しく面白く遊んだ方が，どれだけ良い耳が育つでしょうか！

　子どもたちは表現しようなどと思っていません。子どもたちは夢中になって，遊んでいる時，様々な声で，様々な速さ，様々な高さで，声を出し歌っています。その体験があればこそ，音楽を聴いた時にその身体を通して感じた感情を追体験できて，心が動くのでしょう。音楽を奏する時，その心の奥の感情と共振して，「こう歌いたい」「こんな風な音で弾きたい」と，表現す

る喜びを感じるのでしょう。

　そんな豊かな感情を体験できる，多様な遊びを引き出すために，大人である私たちは知恵をしぼりましょう。まず，大人同士でいっぱい遊び，おしゃべりしましょう！

　その遊びの，ルールで面白い所・難しい所は何でしょう？

　その遊びの，音の動き・リズムの面白い所・わくわくする所・難しい所。

　その遊びの，言葉の面白い所・知らない言葉・不思議な言葉・難しい言葉。

　その遊びの，動きの楽しい所・間違えやすい所・しにくい所が，

　出てきましたか？

　どうしたら，その楽しさを面白さを，シンプルに伝えられるか？

　どうしたら，難しくなく，易しくできるか？　何かを足す？　何かを引く？

　子どもたちを，観察しましょう。彼等の発想，彼等の自由に，学びましょう。大人である私たち自身も，子どもの豊かな感覚を追体験できるような，楽しい遊びを！

3）　歌うこと　歌と共に遊ぶ課業

　始まりの鑑賞曲や文学の後，または，遊び終わって鑑賞曲や文学を聴く前。

①　歌うこと

　カルタを見ながら数曲を歌い継ぐ。

　3歳　3学期　から　　時々2～3曲ずつ

　4歳からは，毎回少しずつ　5分以内

　5歳からは　毎回　　　　　5～10分以内

②　歌と共に遊ぶ課業　4歳後半から

　歌う＋①膝叩き（拍＝歩き）

　音声歌い＋①膝叩き

　歌う＋⑧手叩き（言葉＝リズム）

　全部→交互唱（モチーフ）

◆歌う　3歳　後半（カルタをヒントに，思い出し，歌う）

＊3歳

　前半は，より多く，より楽しく，より表情豊かに，より想像的に遊ぶことのみに専念しましょう。それができてない時に，この課業をしても，力はつきませんし，子どもにとっては，「しなくてはならないこと」になってしまいます。

＊幼児の課業は，楽しい遊び，自分を表現できる誇らしい場でなくてはなりません。

＊ファンタジー遊び・歩き・しぐさ遊びなどで，しっかり遊び，子どもたちだけでも遊んでいる様な遊び歌を，使います。

1）歌う遊びのカルタを2・3枚用意します。遊びを終えた後に，椅子などに腰かけてカルタを見せ「歌いましょう」と声をかけて，大人が良い高さ，良い速さで，歌いだします。

2）遊びの時のように繰り返し歌わず，一回だけ歌います。繰り返し歌わないように，歌い終わる時に次のカルタを出し，続けて歌います。歌った後，「何のカルタだった？」と聞いて皆で確認して，「じゃもう一度歌いましょう」とまた続けて歌う。

　　子どもが歌いだしたら，歌うのはやめる。でも，心の中では歌っておいて，もたもたしても歌い終わりでは，次の歌のカルタをキチンとあけて，続けて歌います。「また今度歌おうね」で終わり。

3）1度目に良く歌えたら，2度目には次の曲。良く歌えてなかったら，ごく当たり前に，同じ曲をもう一度すれば良い。決して，「もう一度」と繰り返して練習はさせないこと。2度目でも，8割の子が歌えないなら3回目をすれば良い。ただ，その状態は良くないので，遊びの時に子どもたちが良く歌えているか見直しましょう。ずっと大人が歌い続けていると，子どもたちは歌わなくなります。少なくとも3度目の遊びでは，大人は歌わないでも，遊び続けられるように，1・2度目の遊びの回数をたっぷりと増やしましょう。

4）慣れてきたら，全員で歌った後，「こっち半分の人立って，こっちの人達にきいてもらいましょう」と，立って歌わせる。終ったら拍手。「じゃあこっちの人たち」と交代して座り，立って歌う。拍手。上手・下手でなく，「人の前で歌うことの素晴らしさ」「自分自身を表現した素晴らしさ」への拍手です。

5）続けて鑑賞曲などを，歌うと良いですね。

◆第一段階（歌う　皆⇒グループ）　4歳

（一緒に歌うカルタは，同音の構成音）

＊今までにいっぱい遊んで，すっかり子ども自身の遊びになったものだけ，歌います。

1）わらべうたカルタをフラッシュカードのように見ながら，皆で歌います。（3〜6枚）

・わらべうたカルタを，歌の終わる前にタイミングよく引いて次のカルタを見せる。遊びとちがって，一回しか歌いません。しかし，3〜4曲を1曲のように続けて歌います。

・続けて歌うので，遊ぶ時のテンポとちがってきます。子どもに任せましょう。良く遊べている曲は，自然に子どもたちのテンポで揃って歌います。

2）2度目同じ数曲を皆で続けて歌います。「どれが一番好き？」と聞いて手を挙げます。迷う子が多い時は，もう一度皆で歌います。それぞれに手を上げた子たちがその歌を歌います。最後に皆で全曲歌って終わり。

3）3度目をするなら。皆で歌います。数回歌ったら，好きな曲を選んでグループに分かれ，練習し，順に立って歌って拍手。（人の前で，自分を表現する）（自分の好き嫌いを知る。できる，できない＝自信のある・なしを自覚する）

◆第二段階

カ）（歌う＋拍叩き）　４歳　二学期から

キ）（音声歌い＋拍叩き）　４歳　三学期から

　（一緒に歌うカルタは，同音の構成音）

ク）（歌う＋手叩き＝リズム叩き）　４歳　三学期から

カ）（歌う＋拍叩き）４歳　二学期から

１）まず，良く歌える遊びのカルタを見ながら，切れ目なく数曲歌い継いで
　　いく。次に「今度は歩くように叩きながら歌おう」と膝叩きを見せながら
　　歌う。初めの一曲を両手で膝叩きしながら歌ってみせて，子どもがしだし
　　たら，片手でカルタを持ち，カルタを繰る時以外は片手で膝を叩いて，助
　　ける。拍叩きとは言わない。

２）２度目「歌いましょう」と声をかけて，膝叩きを見せながらかるたを見
　　せる。忘れている子たちには，目を見て促す。全部歌った後に，歌う時は
　　膝叩きしようね」と言って，終わります。

３）３度目には，「歌いましょう」で，膝叩きをしながらカルタを見せる。
　　３度目以降は，子ども自身が気がつくまで，注意はしない。あまり何度も，
　　気がつかない時は，「いつも，忘れ物している人がいるのよね」などと，
　　喚起する言葉かけをします。

キ）（音声歌い＋拍叩き）　４歳　三学期から

１）良く歌えるようになった子たちは，言葉で歌った後に，膝叩きをしなが
　　ら続けて音声（パパやママまたは歌の初めの言葉など）で，歌ってきかせ，
　　真似をさせる。

・モチーフ歌いの前段階として音声歌いをしておくと，半分，抽象化ができ
　　て，モチーフでの交互唱や，言葉替えやリズム叩きが，易しくなります。

２）必ず，初めに言葉で歌ってから，続けて音声歌いをし，次の歌に移りま
　　す。いつも，全ての子どもが確実にできること（言葉歌い）から始めて，

その後に新しいことを加えます。

3）これ以降は，カルタを見て「歌いましょう」と言われたら，「膝叩きを
　しながら」言葉で歌い，続けて音声で歌うという習慣をつけます。

ク）（歌う＋手叩き＝リズム叩き）　4歳　三学期から

＊カ）キ）と，一緒にしない。前にカ）キ）をし終わった歌を，一曲ずつ取
　り上げる。

1）「今日は，口だけでなく手でも歌いたいと思います。どんな風にするか
　見ていて」と，初めは口の下に手を持っていき，口をはっきり動かしなが
　ら，言葉通りに手叩きする。「どんな風に叩いた？」「口の近く」がすぐ出
　るでしょう。子どもがわかりにくければ「言葉の通りに叩いたのよ」とも
　う一度，ゆっくり歌いながら見せます。一緒に歌い，手叩きをします。拍
　叩きよりは少し遅いテンポになるでしょう。

2）2度目「この前，手で歌ったの覚えている？」と始める。覚えていたら
　「何の歌だった？」で思い出した所で，カルタを出し，皆で歌う。その後
　カルタは膝か近くの皆が見える所に置いて，手を口の下に用意して一緒に
　歌う。だいたいできたら，半分ずつで，立って発表。「どうだった？　歌
　が聞こえた？」交代して叩き，歌が聞こえるか確認する。

3）3度目「この前，上手に手で歌えたね。してみよう」でカルタを出し，
　叩く。「良くできたみたい。歌わなくても，手だけでできるかな？」で手
　の用意をし，一緒に手だけで歌う。子どもたちは耳を澄ますでしょう。良
　くできれば，半分ずつ発表しても良い。「手で，歌えたね」で終わる。

4）次は，前回の歌を，カルタを見せて「歌いながら叩こう」「手だけで歌
　おう」「今日は，この歌も手で歌いましょう」と新しいカルタを出す。歌
　を確認してから，歌と手叩きをする。良くできたら，手だけもする。難し
　そうだったら，「もう一回する？」と聞いて，「したい」と言うなら1〜
　2・3回する。

5）1枚目のカルタで「手叩きで歌おう」2枚目は「歌と手叩き」「手叩き

だけ」をする。「手だけ」がうまくいかなかったら，歌いながらをもう一
度してから「手だけ」をする。うまくいけば「成功！」。

6）3曲のカルタ歌＋手叩き・手叩きができたら，カルタを見ながら一度に
3曲続けて叩く。その後，好きな曲を選んで，グループで練習し発表する。

◆第三段階　5歳
　大人との交互唱（同じ音構成のグループ2〜3曲ずつ）
☆2〜3曲を一曲のように，間をあけずに続けて歌っていくことが大事です。
　・同じ音（ソルミゼーション）を，同じ音高で歌うことが，大切です。
　（A＝レ）
　・心地良い一定のテンポで全てを歌うのが，基本です。
　ケ）歌＋膝叩き⇒音声＋膝叩きが習慣化できている子どもたち
　コ）歌＋手叩きが10曲以上たまってから始めましょう。

ケ）　歌＋膝叩き　音声＋膝叩きの交互唱
1）いつものように，まず膝叩きをしながら言葉で歌います。その間，私も
カルタを持っていない手で膝叩きを一緒にします。
・歌い終わる時に，私を指差して，初めの2小節を私が歌い，次2小節を子
どもが歌うように，手を差しのべ，次は私を，次は子どもを，と交互に歌
うことを示します。
・次は，子どもから歌い始めるように手をのべ，自分を指し，と交互に指し
ます。
・音声歌いで全曲子どもと一緒に歌います。
・歌い終わったら，私⇒子どもと指して交互唱，子ども⇒私と指して交互唱。
・「どんな風に歌った？」「代わりばんこ」とわかったら，「交互唱っていう
のよ」と教えて，終わり。一曲で終わります。
2）言葉全曲・私から交互・子どもから交互次に音声全曲・私から交互・子
どもから交互で，前回と同じ曲をする。

・「交互唱」の言葉を復習

3）2度目で，難しそうだったら，同じ曲。良くできたのなら，新しい曲を
する。1曲を必ず2回は重ねる。1曲ずつ足して3〜5曲続けてできたら
終わり。次は1曲目。

コ）　歌＋手叩きの大人との交互唱

1）短い曲1枚のカルタを見せて，「手で歌いましょう」と皆で歌と手叩き
をする。

・歌い終わる時に，私を指し初めの2小節を歌いながら叩きます。すでに，
ケ）で交互唱をしている子たちですから，わかるでしょうが，手は使えま
せんので，頭を動かして子どもたちに合図をします。あとは，合図なしで
いきましょう。

・終われば，すぐ子どもたちからの合図をして（この時は私の手は空いてい
ますから手で合図します）交互叩きをします。

・「何をした？」と聞きましょう。数人の答えを聞いたら「交互叩き」と答
えを伝え，もう一度します。

2）初めと同じ曲を，同じようにします。うまくいけば，手だけの交互もし
ましょう。できない時は，歌付きだけで充分です。

3）2度目で，子どもたちが自信を持ってできていたら次の曲，まだ戸惑っ
ている子が多いようなら，もう一度しましょう。ただし，前の曲に続けて，
新しいカルタを見せて歌いながら手叩き，すぐ私の合図で，交互唱に入り，
子どもからの交互唱に，続けます。

4）そうやって，毎回1曲ずつ，又は2回に1曲ずつ足して，5曲くらい続
けて全曲＋交互唱を，してみましょう。

・1曲ずつ止まらずに，良いテンポで，歌が流れていると，身体は柔らかく
なり，歌の流れに乗っかって，自然に手が叩けるようになってきます。そ
うすると，失敗も面白がり，お互いが聞き合って歌が聞こえるのを楽しめ
るようになります。

〈歌うこと　歌と共に遊ぶ課業の準備〉

　この課業は，決して易しいものではありません。

　子どもたちにとっても，モデルを見せる大人にとっても。

　大人の中で，お互いに練習しましょう。遊びましょう。

☆基本の練習＝同じ音で歌う

　まず，レドの歌のカルタを，集めます。レの音から始まる歌を選びます。ピアノか音叉で，ラ＝Ａの音を聞きます。その音から歌い出しましょう。レから始まるレドの歌を，同じ高さで歌いつないでいきます。時々，Ａの音を鳴らして聞きながら歌いましょう。初めは大変かもしれません。初めは難しいのが当たり前。だからこそ練習をする必要があります。やり方がわかったら，練習です。

　一度に何回も歌うのでなく，毎日全部のカードを続けて一回歌うので充分です。苦手な人は，仲間を作り，毎日帰る前に一緒に一通り歌いましょう。不思議なことにある日突然平気に歌えるようになります。それを楽しみに歌い続けてください。

　１〜２枚，歌えるようになったら，①を始めましょう！

＊レドの曲：たこたこ　ぎっちょ　このこ　おじさんおばさん　どんどんばし　いちばち　もぐらどん　うえからしたから

①一番初めの，カルタを見ながら膝叩きを続ける所から，してみましょう。慣れてくると，その心地良さが，うれしいですよ。

②カルタを，良いタイミングで繰っていくのも，練習しましょう。自分でも歌いながら，皆の声も聞きながら。うまく行かないのが，当たり前。初めての事ですから。慣れればできてきます。

③努力は，報われます。何かを伝えようとして努力したことは，子どもたちは良く解ってくれます。途中でわからなくなって，メモやノートや本を覗いていると，子どもたちはちゃんと待ってくれます。混乱したりすると「先生，本見てこんね」と言われた経験は多くの先生がしています。勿論，それに甘えるのではなく，大人である私たちが先ず，歌いながら叩けるよ

うに努力しましょう。

④子どもたちと一緒に，大人である私たちも，成長していきましょう！

＊レドの曲が歌えるようになったら，レドラ，・ミレドの曲は簡単です。
あせらずに，レドを自信が持てるまで練習しましょう。

4） 次のステップの準備としてする課業

ア）遊びの中でする，言葉替え　４歳後半から
緩やかな言葉替えで，遊びを発展させる遊び
基本は，その部分のみ言葉を替えて，音はそのまま。しかし，リズムは
自由。

例：おじさんおばさん　海老くって→イカくって　大根くって　ステーキく
って　テレビくって

てるてるぼーず　てんきに　→あめに　曇りに　台風に　嵐に

ぶーぶーぶー　ぶーぶーぶー　→メーメーメー　コッコッコ　ヌルヌル
ヌル

豚のこえ　→ヤギの声　鶏のこえ　へびの音

ぎっちょこめつけ　→あわつけ　むぎつけ　まんじゅうつけ

＊初めは，大人が遊びの中で違う言葉で遊びだしましょう。子どもたちは
「何が始まったか」と思うでしょうが，そのまま続けましょう。何をした
かわかった子どもでも，すぐ真似して言葉を替えるのは，難しいでしょう。
そんな中子どもたちの馴染みの言葉や想像しやすい名前や言葉を入れて遊
びます。そうする中で，少しずつ子どもたちも言葉替えを始めます。

＊様々な言葉替えによって，子どもたちは自分自身の遊びとして活き活きと
遊びが続きだし，連想遊びになっていき，その発想のとんでもなさに，本
当に良く笑います。

＊同じリズム＝音節の言葉でなくてもかまいません。遊びのイメージを膨ら
ませることがまず第一です。長すぎたり，短すぎたりの言葉が出てくるこ

とで，逆に同じ音節の長さの言葉に気が付いたりします。自由に色々子ど
もたちが言えるように，出てきた言葉を，できるだけその言葉の長さに突
っ込んで，歌ってあげましょう。それが又，早口言葉になったり間延びし
たりして面白さ，楽しさが倍増します。

第6章

保育園・子ども園・幼稚園の カリキュラム

乳児・幼児の発達段階にそった，それぞれのカリキュラムでわらべうたを遊ぶのが基礎です。その基礎と共に，園全体で，それぞれの季節に合った遊びを「今月のわらべうた」として遊ぶのも楽しいようです。兄弟姉妹で同じ園に通っていることは多いので，同じ遊び同じ歌を家庭でも遊び，それは親御さんたちとも共に遊ぶ機会をつくります。家庭の中で，兄弟姉妹で同じ歌を歌い遊んでいる風景を見るのは，親たちにとって，どんなに幸せな時間でしょう！

1　わらべうたの役目（保育の中で）

「保育」と「わらべうた」はどのような共通点があり，何が違っているのか？
「わらべうた」によって，保育が強化され，豊かになるのは，どんな点か？

（Ⅰ）　保育の役割＝乳幼児期の家庭の役割
（1）　生きる基礎＝生活　人が生物として，動物として，生きるのに最低限必要なことを身につける

　・食べる・排泄する・寝る（＋愛着関係）

（2）　人が動物でなく，人間として生きていくのに，最低限必要なことを身につける

　・生活のリズムをつくる

　（25時間の生体リズムを24時間の自然的・社会的リズムにする）

　・成長に必要な運動をする

　（這い這い・お座り・歩き・走り・跳ぶ・立つなど）

　・生きていくのに必要な，危険を察知し対処できる力＝五感と身体と知識

　・生きていくのに必要な言語・知識を得る

（Ⅱ）　わらべうたの役割
（1）　生活をより強化し，意識化する＝主に遊ばせ遊び・テーマ遊び

　生きる基礎　食べる・排泄する・寝る

　①食べる　　遊びの中で，その行為を模倣する。

　　　　　　　食べること・食べる為の過程を疑似体験する。

　　　　　　　＝食べることの認識・認知

　②排泄する　動物なら舐めて，その機能を目覚めさす。

　　　　　　　人間なら触る＝身体全体を触り，様々な身体の機能を目覚めさせる。

　③寝る　　　耳から身体全体から鼓動（規則正しい心地良い音楽の律動）

で眠りを得る。

遊びの中で，寝る・起きるの世界を体験し体感する。

（2）　人間として生きる　遊びを通して体験し学ぶ

A）　ファンタジー遊び（3歳　他と自己の分離ができる時＝この世とあの世の両方にいける最後）

①実際の生活をなぞることによる，自己認識・自己認知

　　（食事・お風呂・病気　等）

②実際の生活から派生するファンタジーの世界を体験する

　　（お散歩・山のぼり・お祭り　等）

　　＝成りきれることで，様々な疑似体験ができる

　　　（身体体感・多様な感情・豊かな言語⇒想像力）

③体験して欲しいこと・知って欲しいことをファンタジーの中で疑似体験する。そこから実生活での本物の体験へと促すきっかけ

　　→知的好奇心を育む

B）　幼児のわらべうた遊び

　＊文化的・社会的ルールを体験する

　①物事・社会には，様々なルールがあることを知る

　　・初めと終わり　繰り返し継続し続ける

　　・同時に存在する2つ3つの世界・交代する世界・裁断される世界・決断する世界

　②様々な感情を体験する

　　（ルールの中で遊ぶことで，出てくる体験から生ずる）

　　・様々な感情を体験することで，より豊かな感情を知っていく

　　・感情は，固定するのでなく移り行くことも体験する

　　・役交代などで，ちがう立場の感情を体験し，相手の感情を想像できるようになる

・自分自身の満足感・充足感を知る。それを得るための工夫や努力を体験する

・感情の自己コントロールができる（上記のように，いつか変化することを体験しているから）

＊遊びの中で知的な体感を重ねて，体験知識となる基礎力をつける

①豊かな言語を体験＝意味をきちんと知る以前に，言葉の持つ様々な要素を感じる

・心地良い発音・リズムの良い言葉・繰り返しの心地良さ＝美しい日本語を感覚的に知る

・状況等から，言葉の持つキャラクターなどを感じる

②空間認知

・様々な動作・形態などで，空間の大きさ・高低・距離感・図形を体験認知

③数の認知

・様々な遊びで，順序・多少・量・長短などを体験

C)　身体＋感情＋思考

同時に３つを使って遊ぶ＝わらべうた→統合学習へとつながる

＊卒園までにしておきたい　基本的な遊び

		身体能力	情緒的体験	知的能力
1	鬼きめ	ランダムでなく，抜かさずに順に触る動き	全部　と　0　の安定感	3つ・5つ・10この感覚
2	しぐさ遊び	真似する　身体能力	真似する喜び	観察力
	2人組	人と合わせて動く	自分の好き嫌いを知る好まない人とも行動する	同じ動きの，ちがう感覚
	二重輪	内外の動きのちがいを知る	元に戻ったうれしさ内・外で見える景色のちがい	元に戻った感覚内・外の動きのちがいを知る
3	役交代	他の人につられず，1人で行動する力	1人で行動する恐さ・うれしさ・強さ皆と一緒の場，に戻る安心感	1対1の交代1人で行動する意志1人になっても，必ず皆の中に戻る理（いじめなど）
4	歩き	基本中の基本正しい姿勢・安定した歩き自然な脱力	安定した，感情	集中力の源（脱力）＝学びの原点
5	門くぐり	方向転換（門になった時）	なりたい・なりたくないの感情心の準備	歌の初めと終わりを知る（物事に初めと終わりがある。同時に終わらない毎日を知る）
6	勝負	勝負の結果でそれぞれの動きを判断し，動く	勝ったうれしさ・負けた悔しさ	勝負の一瞬での判断力負けない工夫・相手の観察
7	隊伍	合わせて歩く・動く	皆と共に動いた心地良さ（させられるのでなく，自分の意志で）	何が一緒だと良いのかを，自分で感覚的につかむ
8	昔遊び	様々な動きを体験する細かい手の動きから，全身運動まで	一緒にする喜び競争する喜び技術的な習得（できる）の喜び	技術的な習得の工夫

2　カリキュラムのサンプルと記録用紙のサンプル

＊ここに載せた案は，一つの案です。これを参考に，ヒントとしてお使いください。

（1）とりあえず，年間計画表に，《遊びの分類表》から，「遊びの種類」ごとに年齢に合った遊びを書き込んでみましょう。

（2）次に，月ごとの計画表に，新曲としてする遊びを，<u>重ならないように</u>書き込みましょう。

　　・一度に2曲は入れない・同じ種類の遊びが続かない。

（3）毎日するのなら，日案に，一週間の割り振りを書きましょう。そして，準備を始めましょう。

　　週に1〜2回なら，日案に，順序を書いて，準備を始めましょう。

（4）とにかく，やってみて，できたことには，○をつけ，できなかったことは，上から線を引き，次の回に繰り下げてするか，取りやめるか，決めましょう。

（5）繰り下げてする場合は，次の日案に書き込みます。取りやめた時は，線を引いておしまい。

（6）子どもたちの遊びを観ながら，とにかく続けましょう。できたことを，続けましょう。

（7）とにかく一学期続けてみて，子どもたちから感じたことや知ったことから，カリキュラムを見直し，曲数をへらしたり，年齢より前の遊びを入れたり工夫してみましょう。

＊実際のところは…

　大人は欲張りですので，ついつい多くの曲を入れすぎてしまうのです。私自身も，子どもの様子を観て，もう少しこれをたっぷり遊びたいと思ったり，子どもが「これ遊びたい」と言ってきたりして，次週にまわすことは，今でも良くあります。

　でも目標を持って，そこにつながる道筋を考えて，定期的に新曲と課業を

入れて，書いておくのは良いことです。目標があれば，どの遊びが必要で，どの遊びは後回しでも，他の遊びでも良いか考えられるからです。

＊注目して欲しいポイント
　《遊びの分類表》は，０歳から，または３歳から，わらべうたを遊んできた子どもたちを基準に作ってあります。４歳や５歳から，「わらべうた」を始める時には，初めの１学期の間は，仕草遊び・歩き・役交代などの，基本の遊びを多く遊びましょう。
　時には，３歳の遊びでも楽しく遊べるものがいっぱいあります。そうやって，「わらべうた」は，なんて易しいし楽しい，という思いの中で，基本ルールを体験させましょう。そのルールが身体の中に入っていけば，後は難しい遊びも理解できて，「こうするのでしょう？」と発見できます。一方，基礎的ルールが理解できていないと，全てが教えられてすることになり，遊びの持つ面白さ，楽しさが，感じられません。
　「急がばまわれ」です。５歳の遊びは学童になっても楽しめます。３歳４歳の遊びをいっぱいして，最後に５歳らしい遊びをいくつかするのでも，子どもは充分に楽しめ満足できます。「わらべうた」の初めから，始めましょう！

（Ⅰ）　年間カリキュラム
（１）遊びの年齢別一覧表と共に見る　各遊びの段階表
（２）数字は，遊びの曲数
　　　どの年齢で，どの順序で，どの遊びを，していくと，子どもが，楽しくその遊びをできるか。
（３）計画は計画
　　　園の行事，インフルエンザなどでの子どもたちの人数や状態の変化などで，計画通りにできないことがあるのが，当たり前。計画を立てていれば，どの遊びは次にまわす，とか，同じ程度の同じ遊びを２曲入

れていたら，1曲あきらめるとか，計画の変更ができる。時には，順序を入れ替えたりもできる。

（4）まずは，年間計画の表に，曲を書きこんでみよう

一つの遊びを，順序よく，第一段階から入れていく。全部の遊びを入れていったあとに，互いの遊びの順序がよいかも，見比べてみよう。

3歳

月	鑑賞曲	詩・語呂合わせ	絵本	鬼きめ 第一段階	しぐさ 第一段階	歩き 3歳	役交代 第一段階	門くぐり 第一段階	勝負 隊伍 昔遊び 歌う 第一段階	ファンタジー
4	1	1	2	1	2	1				おにぎり・弁当・散歩
5	1	2	2		2~3		1			たんぽぽ
6	2	2	2	1	2~4	1	1~2			かたつむり
7	2	2	2		2~4		1		隊伍	山登り（遠足）
8	2	2	2	1	2	1	1~2			海いき
9	2	2	2	1	2~4		1~2			布織・染め・洗い干し
10	2	2	2		2~4	1	1		昔遊び	お祭り
11	2	2	2		2~4	1	1~2	1		
12	1	1	2	1	2	1	1			
1	2	2	2		2~4	1	1~2	1	歌う・勝負	泣く子・手当て・遊び
2	2	2	2	1	2~3	1	1~2	1	歌う	お風呂・昼ね・目覚め
3	2	2	2		2	1	1		歌う	

4歳

月	鑑賞曲	詩・語呂合わせ	絵本	課業	鬼きめ	しぐさ	歩き	役交代	門くぐり	勝負	隊伍	昔遊び
4	2	2	2	3歳 膝叩き	1	1	1	1				1
5	2	2	2	3歳 膝叩き		1	1	1	1	1		1
6	2	2	2	3歳 膝叩き	1	1	1			1		1
7	2	2	2	3歳 膝叩き		1	1	1			1	1
8	2	2	2	3歳 膝叩き	1	1	1	1	1			1
9	2	2	2	4歳 膝叩き		1	1		1			1
10	2	2	2	4歳 膝叩き	1	1	1	1		1		1
11	2	2	2	4歳 膝叩き		1	1	1	1			1
12	1	1	2	4歳 膝叩き		1	1		1		1	1
1	2	2	2	3歳 膝叩き 歌叩き	1	1	1	1		1		1
2	2	2	2	3歳 膝叩き 歌叩き	1	1	1	1	1		1	1
3	2	2	2	3歳 膝叩き 歌叩き		1	1		1	1		1

5歳

月	鑑賞曲	詩・語呂合わせ	絵本	課業	鬼きめ	しぐさ	歩き	役交代	門くぐり	勝負	隊伍	昔遊び
4	2	2	2	3・4歳 膝叩き・ 交互	1	1	1	1		1		1
5	2	2	2	3・4歳 膝叩き・ 交互	1		1	1	1	1	1	1
6	2	2	2	3・4歳 膝叩き・ 交互	1	1		1	1			1
7	2	2	2	3・4歳 膝叩き・ 交互			1	1	1	1		1
8	2	2	2	3・4歳 歌叩き 音声叩き		1	1	1			1	1
9	2	2	2	交互	1			1	1		1	1
10	2	2	2	3・4歳 歌叩き 音声叩き		1	1	1	1	1		1
11	2	2	2	交互			1	1	1	1		1
12	2	2	2	3・4歳 歌叩き 音声叩き		1		1	1		1	1
1	2	2	2	3歳 手叩き	1		1	1	1		1	1
2	2	2	2	3歳 手叩き			1	1	1	1		1
3	1	1	1	4歳 手叩き		1				1	1	

（Ⅱ）　月案のカリキュラム

（１）年間計画で書き出した曲を，各月の４週に振り分けて，書き入れてみ
　　よう。

（２）新曲は一度に１曲。同じ種類の遊びばかりが重ならないように，入れ
　　ていきます。

　　　上記の計画表に従って全ての曲を書きだすと，必ず多すぎます。そこで，
　どの遊びを中心に遊ぶのが，一番良いか決めます。その遊びは，毎月新曲
　を必ず入れます。それ以外の遊びを順に易しいものから入れていきます。
　残った曲は，欄外に書いておきましょう。実際の進み具合で，取り替えた
　り，元に戻ったり，先に進んだりしたい時にすぐ使えるように。

（３）一回のカリキュラム　　３部構成＝導入・主要部・終結部

導入　　　　　：①鑑賞曲②語呂合わせ・詩③絵本の１つ又は２つ

主要部　　遊び：新曲１曲＋前の曲・新曲のみ・前の曲のみの３パターン

　　　　終結部：①鑑賞曲②語呂合わせ・詩③絵本の１つ又は２つ

　　　　＊課業は，導入の後か，終結部の前かの，どちらかでする

（４）①鑑賞曲②語呂合わせ・詩③絵本は，季節のものはその季節にする

（５）「わらべうた遊び」の時間を決めて，計画を立てる

　　【A案】毎日　週５〜６回　　３歳15分　４歳20分　５歳25分

　　　＊する時間帯を決めて，毎日遊ぶ。

　　　＊①鑑賞曲②語呂合わせ・詩は，２日続けて同じ物を繰り返す。

　　　＊③絵本は，３歳・４歳前半など，単発の本は２日続けて読む。
　　　　シリーズ物などは，１回で次に進む。１話が長い時は２〜３回に分
　　　　けて読む。

　　　＊基本，毎週，新曲の遊びを１〜２する。前のものをやりたがったら，
　　　　２曲しても良いし，第５週などの時には，子どもたちで好きな遊び
　　　　を決めて遊ぶのも楽しい。

　　　＊基本一週間遊び続けるので，新曲を入れる曜日を決める。
　　　　月曜日は落ち着かなかったりするなら，先週の慣れた遊びの仕上げ

にして，火曜に新曲を下ろすのも良い。２曲目を入れるなら金曜日
頃に。

*易しい遊びは，途中で決めた日以外に途中の曜日に入れても良い。
（ファンタジーは，確実に遊べていれば毎日１曲ずつ足していって
話を広げても良い）

【B案】週に１〜２回

*する曜日や時間帯を決める

*３歳　20分　４歳　25分　５歳　30分

*週に一回なら，毎回新曲を入れ，前回・前々回の遊びもする

*週に二回なら，難易度によって，週に１曲や，週に２曲の新曲を入
れていく

（Ⅲ）　年齢別　４月のカリキュラムの例（A案・B案）
３歳　A案　毎日　週５〜６回　10〜15分

４月	鑑賞曲 週２回	語呂合せ・詩 週２回	絵本 週１〜２回	新曲	遊び （週後半におろし，ファンタジーに＋か遊びだけにするか）	ファンタジー （週の初めにおろし，一週ずっとするか，前半のみにするか）	準備する小道具
1		ちょうちょ		ちょうちょ		おにぎり作り・食べ コメコメ ぎっちょ	お手玉・籠
2	ねんねこせ		アンガスとあひる		ちょうちょ	弁当作り コメコメ ぎっちょ ＋なべなべ	お手玉・籠・積木・ブロック・おはじきハンカチ
3		赤い鳥小鳥	アンガスとねこ	エエズゴーゴー	（＋ちょうちょ）	お弁当持って散歩 上記の３曲は簡単に	上記と同
4	きよみずの		まいごのアンガス	エエズゴーゴー		同上 道中での花や蝶　など	上記＋花など 折り紙の花・虫・蝶

＊基本は，導入・遊び・終結の３部形式でしますが，時には導入と遊びまたは遊びと終結の２部形式をとっても良いと思います。遊びや，絵本，鑑賞曲など，どれかが長いものなどを取り上げた時などは，この２部形式をお奨めします。遊びの時間が短いと，楽しさのピークを迎える前にやめることになってしまいますので。色々工夫してみてください。

３歳　Ｂ案　週に１〜２回　15〜20分

４月	鑑賞曲	語呂合せ・詩	絵本	新曲	遊び（ファンタジーの中で取り上げる）	ファンタジー	準備する小道具
1	ねんねこせ					おにぎり作り・食べる コメコメ・ぎっちょ	お手玉・籠
2		ちょうちょ	アンガスとあひる	エエズゴーゴー		お弁当作り＋散歩 コメコメ・ぎっちょ	お手玉・籠 ハンカチ
3	きよみずの				エエズゴーゴー	お弁当持って散歩	お手玉・籠 ハンカチ
4		赤い鳥小鳥		ちょうちょ	エエズゴーゴー ちょうちょ　ちょうちょ	お弁当持って散歩し，そこで蝶になって遊ぶ	お手玉・籠 ハンカチ

＊これは，回数が少ないので，できるだけ導入・遊び・終結の３部形式でいきましょう。でも，第五週の時など，その月の遊びだけを取り上げて，全部遊びで終わったり，鑑賞曲・語呂合わせのすきなのを次々にやってみたり。小道具で遊んでいた子などいたら，大人がした後に子どもにさせてみたりもできますね（もちろん，途中を忘れた時などは，その子がしているように，そっと手助けしましょう）。

4歳　A案　毎日　週5〜6回　15〜20分

4月	鑑賞曲 週2回	語呂合せ・詩 週2回	絵本 週2回	課業 毎日 週合計3枚	鬼きめ	しぐさ	歩き	役交代	門くぐり 勝負・隊伍・昔遊び
1	ひとやまこえて		ぐりとぐらえんそく	3歳遊び膝叩き カルタ 1枚2回+ 1枚2回+ 1枚2回		キャールノメダマ	3歳の終わりの曲		赤ちゃん
2		赤い袋に	ぐりとぐらとくるりくら	同上次の3枚	オエビスダイコク	同上		いちばち	同上
3	ヨイサッサ		野の草	同上次の3枚	同上		チンカラマンダイ	同上	
4		赤い鳥小鳥	言葉遊び歌	同上次の3枚	ひふみよ		同上		

＊課業は，良く遊べた2音（レ・ド）の歌から始める。それが終わったら（レ・ド・ラ﹅）の歌をする。

　それが終わったら（ミ・レ・ド）の歌をする。それが終わったら（ミ・レ・ド・ラ﹅）の歌をする。良く歌えなかったら，もう一度その遊びをしても良い。

4歳　B案　週に1～2回　20～25分

4月	鑑賞曲 2回ずつ	語呂合せ・詩 2回ずつ	絵本 1回ずつ	課業	鬼きめ	しぐさ	歩き	役交代	門くぐり 勝負・隊伍・昔遊び
1	ひとやまこえて		ぐりとぐらシリーズ	3歳遊び 膝叩き カルタ2枚		キャールノメダマ	3歳の終わりの曲		赤ちゃん
2	同上	赤い袋に		3歳遊び 膝叩き 次の2枚	オエビスダイコク	同上			同上
3		同上	言葉遊びうた	3歳遊び 膝叩き 次の2枚	同上	同上		いちばち	
4	ヨイサッサ			3歳遊び膝叩き 次の2枚	同上		チンカラマンダイ	同上	

5歳　A案　毎日　週5～6回　20～25分

4月	鑑賞曲 週2	語呂合せ詩 週2	絵本 週1	課業 2日ずつ 3枚	鬼きめ しぐさ 歩き	役交代	門くぐり	勝負	隊伍	昔遊び
1	ひとつひよこが	ちいちゃな風は	もけらもけら	3・4歳歌と膝叩き+交互（レド）	・鬼きめおてぶし（どっちどっち）		梅と桜と			
2		しんこう寺	日本昔話（聴く）	3・4歳歌と膝叩き+交互（レド）	・しぐさゆきこんこん（太鼓）	ぼうさんぼうさん	（同上）			
3	春くれば（春のみ）	一つ人より	だいふくもち	3・4歳歌と膝叩き+交互（レド）	・歩きひらいたひらいた	（同上）				ひとやまこえて（指遊び）

| 4 | | こうや
の水は | 外国昔
話 | 3・4歳
歌と膝叩
き＋交互
（レドラ） | | | | からすからすどこさいぐ | | |

5歳　B案　週に1～2回　25～30分

4月	鑑賞曲 2回ず つ	語呂合 せ詩 2回ず つ	絵本 1回ず つ	課業	おにきめ しぐさ 歩き	役交代	門くぐ り	勝負	隊伍	昔遊び
1	ひとつ ひよこ が		日本の 昔話1	3歳遊び うた＋音 声の膝叩 き	・鬼きめ おてぶし （どっど っち）		梅と桜 と			
2	同上	ちいち ゃな風 は	同上 2	3歳遊び うた＋音 声の膝叩 き	同上	ぼうさ んぼう さん	同上			
3	春くれ ば（春 のみ）	同上	同上 3	3歳遊び うた＋音 声の膝叩 き	・しぐさ ゆきこん こん	同上	同上			ひとや まこえ て（指 遊び）
4	同上	しんこ う寺	同上 4	3歳遊び うた＋音 声の膝叩 き	同上	同上	同上	からすからすどこさいぐ		同上

(Ⅳ) 日案の記録

3歳日案（1） 基本形＝3部構成 （導入主要部終結）

	導入	遊び	ファンタジー	終結	小道具
月	鑑賞曲	先週の遊び	または，先週のファンタジー		先週の小物
火	↓	新曲			
水		↓	新しいファンタジー	語呂合わせ・詩	新しい小物
木		↓		↓	↓
金	絵本	↓			↓
土	↓	↓			↓

日案（2） 遊びの日と鑑賞文学の日

	導入	遊び	ファンタジー	終結	小道具
月	鑑賞曲	絵本		語呂合わせ・詩	
火		新曲			
水	同上	↓	新しいファンタジー		新しい小物
木		↓	↓	同上	↓
金		↓	↓		↓
土		↓	↓		↓

＊3歳後半は，ファンタジーが少なく遊びが主になり，新曲と前の曲とをすることが多くなる。

4・5歳日案（1）　3部構成＝基本

	導入	課業 終結前	新曲	遊び	終結
月	絵本・ 鑑賞曲・ 語呂合わせ・ 詩 のどれか一つ① 番目のもの	2音 （レ・ド）		先週の遊び （「先週した遊び をしよう」の声 かけだけで、大 人は一切関わら ない）	絵本・鑑賞曲・ 語呂合わせ・詩 のどれか。導入 とちがうもの先 週の③番目のも の
火	①	↓	新曲を入れる		今週の①番目の もの
水	②番目	2音 （レ・ド）		新曲	①
木	②	↓			②番目のもの
金	③番目	2音 （レ・ド）			②
土	③	↓			③番目のもの

4・5歳日案（2）　遊びの日と鑑賞文学の日

	導入	課業 導入の後	新曲	遊び	終結
月		3音ア （レ・ド・ラ,）		①絵本②鑑賞曲 ③語呂合わせか 詩で，遊ぶ	
火	①	↓	新曲を入れる	前の遊び	
水	②	3音イ		新曲　前の遊び	
木	③	↓		↓　　　↓	
金	①②③の内の一 つ	3音ウ		↓　　　↓	
土	同上	3音アイウ		↓　　　↓	

3 「今月のわらべうた」年間計画の年齢別サンプル

月	遊び	2歳	3歳	4歳	5歳
4月	たけんこがはえた	膝のせ横揺れ	2人組手つなぎ揺れ	2人組手振り移動	2人組ひっくり返り
5月	ほたるこい	紙籠もって歩き	ファンタジー遊び	籠作り 練り歩き	役交代 網籠つくり
6月	親亀の上に	重ねカップ見せる	カップ・積木・お手玉	広告紙などで大中小の亀つくり	様々な箱などで,亀つくり
7月	こまんかなみ	大布を頭上でゆったりとふる	紐の横揺れ蛇・縦ゆれ蛇を跳んでいく	大縄の横揺れを跨ぎ走り	大縄の横揺れを,走り・跳び
8月	なべなべ	膝横揺れ・くるり	手振りと足登り	2人組	一重輪の2人組
9月	こんこんちきちき	おやまの 歩き	おやまの 歩き	山鉾 歩き	山鉾 歩き
10月	ちんちろりん	大人歌う 子鈴ならす	鈴をまわす	円鬼中 目あき	円鬼中 目隠し
11月	イノコイノコ	アヒル歩き	歩き（先頭交代）	鬼外まわり 鬼ごっこ	鬼外ジャンケン交代
12月	でんでんまわり	抱っこまわり	1人まわり	2人まわり	2人だんだん速く
1月	せっくんぼ	大人を,皆で押す	座って横押し（2人）	2人背中合わせ	土俵で勝負
2月	カッテコカッテコ	足のせ	足のせ・横揺れ歩き	ほふく前進・2人組の足屈伸	両足揃えて,足の屈伸で進む
3月	ひらいた	シフォンで見せる 身体で咲く,萎む	円の前後歩き	左まわりと前後	左まわりと前後 花の名を変える

【著者紹介】

十時　やよい（ととき　やよい）

桐朋女子高校音楽科・桐朋学園大学演奏学科ピアノ専攻卒業後福岡でコダーイを学ぶ。1980年に佐賀で音楽教室を始め，佐賀コダーイ芸術教育研究会を設立。Ugrin Gábor・Arany János・Rozgonyi Éva・Kocsárné Herboly Ildikó・陣内直氏を招いてのソルフェージュ・合唱セミナーを毎年開催。

ピアノ教育の教材と方法論「メヌエット」，ピアノ教師の演奏グループ「Sinfonia ひびき」，弦楽教師中心のアンサンブル演奏グループ「Corda vuota」などの各種教師の勉強会設立。

「日本コダーイ協会全国大会 in 佐賀 '97」実行委員長。
元日本コダーイ協会理事・国際コダーイ協会会員。
佐賀コダーイセンター主宰。
「佐賀わらべうたセミナー」「佐賀保育セミナー」主催。
2008年佐賀県芸術文化功労賞受賞。

［著書］
『実践と理論に基づく「わらべうた」から始める音楽教育　乳児の遊び編』（明治図書）
『実践と理論に基づく「わらべうた」から始める音楽教育　幼児の遊び　理論編』（明治図書）

イラスト：福永めぐみ

実践と理論に基づく

「わらべうた」から始める音楽教育
幼児の遊び 実践編 上巻

2023年5月初版第1刷刊　Ⓒ著　者　十　時　や　よ　い
発行者　藤　原　光　政
発行所　明治図書出版株式会社
http://www.meijitosho.co.jp

（企画）及川　誠（校正）杉浦佐和子・関沼幸枝

〒114-0023　東京都北区滝野川7-46-1
振替00160-5-151318　電話03（5907）6703
ご注文窓口　電話03（5907）6668

＊検印省略　　　　組版所　藤原印刷株式会社

Printed in Japan　　　　ISBN978-4-18-322127-8
もれなくクーポンがもらえる！読者アンケートはこちらから